Zum Geleit

Zu erforschen, ob ein Kunstwerk oder anderes Kulturgut seit 1933 enteignet worden ist, bedeutet, über Machenschaften und Unrecht aufzuklären. Es bedeutet aber vor allem, den Opfern jedenfalls ein wenig historische Gerechtigkeit widerfahren zu lassen. Denn »hinter einem entzogenen, geraubten Kunstwerk steht immer auch das individuelle Schicksal eines Menschen« (Monika Grütters). Diese Forschung zu fördern, ist die Hauptaufgabe des Deutschen Zentrums Kulturgutverluste.

Dass in den Jahren 2015 und 2016 von Museen, Bibliotheken, Archiven und Forschungsinstituten mehr Anträge auf Unterstützung ihrer Recherchen zu NS-Raubgut gestellt wurden als jemals zuvor, zeigt das weiter wachsende Bedürfnis, der historischen Verantwortung gerecht zu werden. Indes sind längst nicht alle in Frage kommenden Institutionen an die Arbeit gegangen, und noch gibt es selbst in den größeren Museen viel zu wenige unbefristete Stellen für die Provenienzforschung, von der sich längst herausgestellt hat, dass sie eine dauerhafte Aufgabe und Verpflichtung ist. Heute muss die Überprüfung der eigenen Geschichte als eine dem Sammeln, dem Bewahren und dem Vermitteln gleichberechtigte Zentralaufgabe aller Einrichtungen in Deutschland verstanden werden, die kulturelles Gut bewahren.

Immerhin wird durch die Einrichtung entsprechender Professuren an den Universitäten Bonn und Hamburg, durch den Masterstudiengang an der Universität Würzburg sowie das Modul Provenienzforschung an der Freien Universität Berlin nunmehr in Forschung und Lehre Sorge für den wissenschaftlichen Nachwuchs getragen. Und durch Maßnahmen zur Weiterbildung betreibt man in Berlin und in Bayern die systematische Qualifizierung von Forschungsinteressenten. Die überaus rege Nachfrage bestätigt deren Notwendigkeit.

Provenienz & Forschung möchte durch Einblicke in jüngste Projekte regelmäßig nähere Informationen zu solchen Entwicklungen vermitteln und zu weiteren Recherchen anregen. Während in unserem ersten Heft vom September 2016 auf exemplarische Weise die Breite der Aktivitäten von der Stadtbibliothek und dem Heimatmuseum bis hin zu großen Museen wie der Klassik Stiftung Weimar dargelegt wurde, stehen diesmal viel beachtete Restitutionen von Kunstwerken und Bücherbeständen in Köln, Karlsruhe, München, Wiesbaden und Berlin im Fokus. In jedem dieser Fälle hat man – auf ganz unterschiedliche Weise – zu gerechten und fairen Lösungen gefunden, zu einvernehmlichen Lösungen, und das bedeutet: gleichermaßen im Sinne der Institutionen und der Erben der Opfer. Das sind höchst erfreuliche Vorgänge, über die wir gern berichten, zumal wir mit unseren Forschungsmitteln dazu haben beitragen können.

Von vornherein habe ich mich nur auf zwei Jahre als wissenschaftlicher Vorstand des Deutschen Zentrums Kulturgutverluste verpflichtet, um den Aufbau dieser Institution mitzubetreiben. Ab 1. April 2017 geht das Amt nun an Prof. Dr. Gilbert Lupfer über. Er ist seit 2008 Leiter des Provenienzforschungs- und Erfassungsprojekts »Daphne« der Staatlichen Kunstsammlungen Dresden, seit 2013 Leiter der Abteilung Forschung und wissenschaftliche Kooperation ebenda und zudem außerplanmäßiger Professor für Kunstgeschichte an der Technischen Universität Dresden. Dem Zentrum und seinen Vorgängereinrichtungen ist er seit vielen Jahren fachlich engstens verbunden. Viel Glück bei der neuen Aufgabe!

PROF. DR. UWE M. SCHNEEDE,
DEUTSCHES ZENTRUM KULTURGUTVERLUSTE,
MAGDEBURG

Nach der Restitution verbleibt Ernst Ludwig Kirchners »Das Urteil des Paris« an seinem jetzigen Standort, dem Ludwigshafener Wilhelm-Hack-Museum. Mit der Erbin nach Alfred Hess konnte man sich darauf einigen, dass das Gemälde für einen weit unter dem Marktwert liegenden Betrag angekauft werden kann. Für die Erwerbung wurden zahlreiche Unterstützer wie die Kulturstiftung der Länder, die Beauftragte der Bundesregierung für Kultur und Medien sowie die Stiftung Rheinland-Pfalz für Kultur gewonnen.

Das Wilhelm-Hack-Museum erforschte in einem einjährigen und vom Deutschen Zentrum Kulturgutverluste geförderten Projekt ab April 2016 die Herkunft der vor 1945 entstandenen Werke in den Sammlungen von Wilhelm Hack und der Stadt Ludwigshafen.

Ernst Ludwig Kirchner · Urteil des Paris/ Badende auf Fehmarn ·
1913 · Öl auf Leinwand · 113 × 91,5 cm ·
Ludwigshafen, Wilhelm-Hack-Museum, Inv.-Nr. 458/29

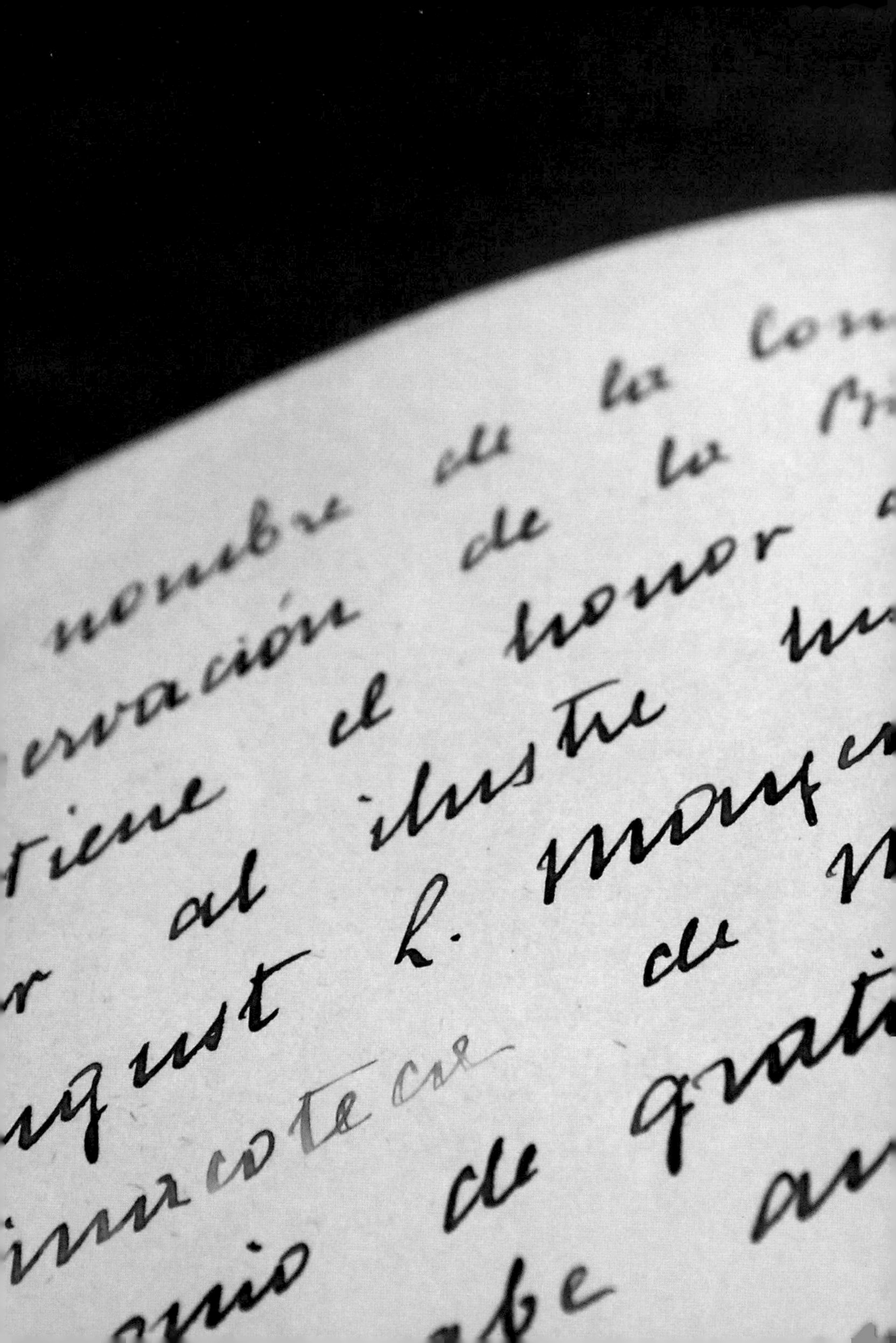

nombre de la con

ervación de la Bi

tiene el honor

r al ilustre tu

qust h. morgen

inacoteca de m

rio de grati

be

au

Geförderte Projekte

TESSA FRIEDERIKE ROSEBROCK

Carl Blechen: »Blick auf das Kloster Sta. Scolastica bei Subiaco«, 1832

Provenienzforschung und Ausstellung zur Kunstsammlung Rudolf Mosse an der Staatlichen Kunsthalle Karlsruhe

Am 28. Mai 2014 ging bei der Staatlichen Kunsthalle Karlsruhe ein Restitutionsgesuch auf das Gemälde »Blick auf das Kloster Sta. Scolastica bei Subiaco« von Carl Blechen ein (Abb. 1). Die amerikanische Anwaltskanzlei Bartko, Zankel, Bunzel & Miller forderte seine Rückgabe im Namen der Erben nach Rudolf Mosse (1843 – 1920). Das Werk bereichert die Sammlung der Kunsthalle seit 1969. Als ein herausragendes Zeugnis der deutschen Italienbegeisterung zierte es noch im Jahr 2010 den Titel des Katalogs zur Karlsruher Ausstellung »Viaggio in Italia«.[1] Eine NS-verfolgungsbelastete Vorprovenienz »Mosse« war im Museum bis dato nicht bekannt. Doch durch die nachfolgend einsetzende Provenienzprüfung konnte die Herkunftsangabe bald bestätigt und eine große Zahl weiterer, bislang unbekannter Verkaufsstationen ermittelt werden. Im Januar 2015 wurde das Werk restituiert, durfte aber noch einige Monate als Leihgabe im Museum bleiben. Diesen Zeitraum nutzte man, um eine kleine Schau rund um die Geschichte des Gemäldes und seinen prominenten Voreigentümer zu realisieren. Die Aufbereitung der Forschungsergebnisse für diese Präsentation wurde vom Deutschen Zentrum Kulturgutverluste gefördert.

Wer war Rudolf Mosse?
Rudolf Mosse, Verleger und Kunstsammler jüdischen Glaubens, baute Ende des 19. Jahrhunderts von Berlin aus, auf der Grundlage des Anzeigengeschäfts, ein Zeitungsimperium auf (Abb. 2). Er gab unter anderem

das »Deutsche Adressbuch für Industrie, Gewerbe und Handel«, die
»Berliner Morgenzeitung« und die »Berliner Volkszeitung« heraus. Das
Flaggschiff des Verlags war das »Berliner Tageblatt« – eine liberale
Stimme im deutschen Kaiserreich, die bald zu den viel gelesenen
deutschsprachigen Druckerzeugnissen im Ausland zählte. Sein um-
fangreiches Vermögen nutzte Mosse als Förderer und Mäzen. Er stiftete
große Summen für jüdische Organisationen sowie Ferienkolonien und
Arbeiterlandheime. Zudem gründete er ein Erziehungsheim für Wai-
senkinder und eine Pensionskasse für seine Angestellten. Mosse engagierte sich in der jüdischen Berliner Reformgemeinde, und mit einem
selbstbewussten Bürgersinn versuchte er, die herrschende Politik
durch seine Zeitungen aktiv zu beeinflussen. Ab den 1880er Jahren
baute Mosse eine große Kunstsammlung auf. Den Schwerpunkt bildete
deutsche Malerei des 19. Jahrhunderts, aber er kaufte auch Ostasiatika,
Benin-Bronzen, französische Teppiche und Möbel und Fayencen des
16. – 18. Jahrhunderts. Zur Präsentation dieser Objekte hatte er sich
ein prunkvolles Stadtpalais bauen lassen, das er zu besonderen
Anlässen für die Öffentlichkeit zugänglich machte (Abb. 3).

Niedergang des Verlags und Enteignung

Nach Rudolf Mosses Tod im Jahr 1920 ging es mit dem Verlag gegen Ende der Weimarer Republik bergab. Unter der Führung seines Schwiegersohns Hans Lachmann-Mosse (1885 – 1944) stiegen die Schulden so stark, dass die Firma im September 1932 Konkurs anmelden musste. Ursachen waren die Weltwirtschaftskrise sowie die inhaltliche Ausrichtung des »Berliner Tageblatts«, das sich explizit gegen den antidemokratischen und antisemitischen Geist der deutschen Rechten wendete. Mit dem aufkommenden Nationalsozialismus war für die jüdische Familie kein faires Konkursverfahren mehr möglich. Zum Einsatz eines Konkursverwalters kam es vorerst nicht. Nach der Machtübernahme der NSDAP am 31. Januar 1933 setzten unmittelbar Verfolgungsmaßnahmen gegenüber Hans Lachmann-Mosse und seiner Frau Felicia ein (Abb. 4). Ihre Privatwohnung wurde von SA-Horden überfallen, die sie unter Androhung von Gewalt dazu zwangen, ihr gesamtes Vermögen in eine Stiftung umzuwandeln. Diese sollte die Rudolf-Mosse-Handelsgesellschaft verwalten und die Forderungen der Gläubiger befriedigen. Tatsächlich muss der Vorgang als »Quasi-Arisierung« verstanden werden, da Hans Lachmann-Mosse die Unternehmensleitung am 15. April 1933 dem parteinahen Vorstand der Stiftung per Generalvollmacht übergab. Nach Unterzeichnung der Urkunde mussten die Eheleute

3
Palais Mosse am
Leipziger Platz 15
in Berlin

das Land verlassen. Ihr in Deutschland belegener Besitz (Verlagsgesellschaft, Grundstücke, Immobilien) wurde ihnen entzogen. Am 29. Mai 1934 kam die Kunstsammlung im Berliner Auktionshaus Rudolf Lepke zur Versteigerung, ohne dass die Familie etwas vom Liquidationserlös erhielt.[2]

Provenienzrecherche und Restitution
Das Gemälde »Blick auf das Kloster Sta. Scolastica bei Subiaco« von Carl Blechen ist in dem prächtigen, anlässlich der Auktion publizierten Katalog unter der Losnummer 12 verzeichnet.[3] Den Preisberichten der »Weltkunst« ist zu entnehmen, dass es für 1700 RM den Besitzer wechselte.[4] Wie die Recherchen ergeben haben, war sein Käufer kein Geringerer als Guido Josef Kern (1878–1953), ehemaliger Kurator an der Neuen Nationalgalerie Berlin und ausgewiesener Blechen-Spezialist. Kern verkaufte das Bild am 14. Februar 1938 weiter an die Galerie Heinemann in München. Die vom Deutschen Kunstarchiv im Germanischen Nationalmuseum Nürnberg online gestellten Geschäftsunterlagen der Galerie belegen einen Weiterverkauf am 28. März 1938 an den Eigner der Magdeburger Mühlenwerke, Dr. Arthur Ebering.[5] Dieser behielt das Bild 30 Jahre lang. Dann gab er es an das Münchener Auktionshaus Weinmüller in die Versteigerung vom 26.–28. November 1968. Gekauft wurde es hier

von der Galerie Neumeister. Diese Information geht aus einem der jüngst aufgefundenen, annotierten Kataloge des Auktionshauses Weinmüller hervor.[6] Bei der Galerie Neumeister wurde das Bild im Folgejahr 1969 von der Kunsthalle Karlsruhe erworben.

Mit dieser lückenlos rekonstruierten Provenienz und im Bewusstsein, dass es sich bei der Versteigerung im Jahr 1934 um eine Zwangsauktion gehandelt hat, wurde Carl Blechens Gemälde »Blick auf das Kloster Sta. Scolastica bei Subiaco« als restitutionspflichtig identifiziert. Das Museum nahm über die Anwälte Kontakt mit den Erben der Familie Mosse auf, zeigte den Restitutionsfall an und bat um die Möglichkeit, das Bild gegen eine Ausgleichszahlung für die Sammlung zu erhalten. Die Antwort lautete, dass die Eigentumsrückübertragung sofort stattfinden solle, das Bild aber noch 18 Monate als Leihgabe im Museum bleiben dürfe. Während dieser Zeit wollte das Erbengremium entscheiden, ob ein Rückkauf durch das Museum möglich sei.

Ausstellung und Rückkauf

Um auf diese besondere Situation öffentlich aufmerksam zu machen, wurde dem Werk und seinem rechtmäßigen Eigentümer eine kleine Ausstellung gewidmet.[7] Die Besucher konnten sich am Beispiel eines Lieblingsstückes der Karlsruher Sammlung umfassend zum Thema

Provenienzforschung informieren; zugleich wurde Rudolf Mosse als bedeutende liberale Persönlichkeit des Kaiserreichs vorgestellt und geehrt sowie an das tragische Schicksal seiner Familie erinnert. Die Staatliche Kunsthalle Karlsruhe ist damit dem Vermittlungsauftrag für die maßgeblich im Verborgenen stattfindende Provenienzforschung nachgekommen (Abb. 5).[8]

Nach der Ausstellung setzten Gespräche zwischen der Museumsleitung, den Anwälten und den Erbenvertretern nach Rudolf Mosse ein. Im Juni 2016 fiel schließlich die Entscheidung, dass das Gemälde gegen Zahlung einer marktpreisorientierten Ausgleichssumme in der Kunsthalle Karlsruhe verbleibt.[9]

Da sich derzeit mehrere deutsche Museen (unter anderem Berlin, Köln, Darmstadt, Sindelfingen) mit Restitutionsforderungen der Erben nach Rudolf Mosse konfrontiert sehen, waren die in der Ausstellung aufbereiteten Informationen über Karlsruhe hinaus von Interesse und ließen vielfältige Synergieeffekte entstehen. Die Ergebnisse zur Provenienz des Gemäldes »Blick auf das Kloster Sta. Scolastica bei Subiaco« und zur Geschichte der Familie Mosse gehen auch in ein übergreifendes Forschungsprojekt zur Kunstsammlung Rudolf Mosse ein, das im März 2017 an der Freien Universität Berlin startete und ebenfalls vom Deutschen Zentrum Kulturgutverluste gefördert wird.[10]

5
Blick in die Ausstellung »Großzügige Leihgabe« in der Staatlichen Kunsthalle Karlsruhe, 19. März – 14. Juni 2015

1   Vgl. Viaggio in Italia. Künstler auf Reisen 1770–1880, Ausst.-Kat. Staatliche Kunsthalle Karlsruhe 2010, hg. von Astrid Reuter, München 2010.
2   Die Literatur zu Rudolf Mosse und seiner Familie ist umfangreich; vgl. u. a. Elisabeth Kraus: Die Familie Mosse. Deutsch-jüdisches Bürgertum im 19. und 20. Jahrhundert, München 1999; Georg L. Mosse: Aus großem Hause. Erinnerungen eines deutsch jüdischen Historikers, München 2003; Thea Koberstein: Das Mosse-Palais: eine feine Adresse, in: Berlinische Monatsschrift 8 (1999), Heft 6, S. 91–95; Jost Hermand: Zweierlei Moderne. Das Kunstverständnis Rudolf Mosses und Hans Lachmann-Mosses, in: Anna-Dorothea Ludewig, Julius Schoeps (Hg.): Aufbruch in die Moderne. Sammler, Mäzene, Kunsthändler in Berlin 1880–1933, Köln 2012, S. 250–271; Michael Bienert, Elke Linda Buchholz:»…so frei von aller lokalen Begrenzung«. Reklamegeschäft und Sammellust. Der Verleger Rudolf Mosse, in: Jahrbuch Preussischer Kulturbesitz 50 (2014), S. 152–173. Aussagekräftige Archivalien enthalten insbes. die Akten des Rückerstattungsverfahrens von Felicia Lachmann-Mosse gegen das Deutsche Reich im Bundesamt für zentrale Dienste und offene Vermögensfragen, 82 WGA 3956/51 und im Landesarchiv Berlin, B Rep. 025-08, Nr. 3956/51.
3   Vgl. Kunstsammlung Rudolf Mosse, Berlin, Verst.-Kat. Rudolph Lepke, 24.–26.5.1934, Berlin 1934.
4   Vgl. Preisberichte Rudolf Lepke, Berlin, 29.–30. Mai 1934, Slg. Rudolf Mosse, in: Die Weltkunst 8 (1934), Nr. 22, 3.6.1934, S. 3.
5   Vgl. http://heinemann.gnm.de/de/kunstwerk-884.htm (12.12.2016).
6   Mein Dank gilt Katrin Stoll von der Galerie Neumeister, die mir einen Scan der hier interessierenden Seite zur Verfügung gestellt hat.
7   Großzügige Leihgabe – Carl Blechens Gemälde »Scolastica« aus der Kunstsammlung Rudolf Mosse, Ausstellung in der Staatlichen Kunsthalle Karlsruhe, 19.3.–14.6.2015; vgl. www.kunsthalle-karlsruhe.de/de/ausstellungen/rueckblick/ausstellungsrueckblick-2015/grosszuegige-leihgabe.html (12.12.2016).
8   Rezension der Ausstellung von Marc Fehlmann unter www.19thc-artworldwide.org/autumn15/fehlmann-reviews-new-aspects-to-the-provenance-of-a-painting-by-carl-blechen (12.12.2016).
9   Der Rückkauf des Gemäldes konnte durch das Zusammenwirken mehrerer Finanzierungspartner gelingen. Dies waren die Kulturstiftung der Länder, die Kunststiftung des Landes Baden-Württemberg, die Fontana-Stiftung und der Förderkreis der Staatlichen Kunsthalle Karlsruhe. Im Zusammenhang mit der rechtmäßigen Erwerbung des Bildes verfasst die Autorin derzeit ein Patrimonia-Heft, das umfassend über die Geschichte der Sammlung Mosse, das Gemälde und die Ergebnisse der Provenienzforschung informieren wird.
10 Vgl. hierzu den Beitrag von Uwe Hartmann in dieser Publikation, S. 62 f.

. . . .

Dr. Tessa Friederike Rosebrock ist Kunsthistorikerin und Provenienzforscherin an der Staatlichen Kunsthalle Karlsruhe. Die beschriebene Ausstellung wurde von ihr kuratiert.

. . . .

Förderung des kurzfristigen Projekts »Großzügige Leihgabe. Carl Blechens Gemälde *Scolastica* aus der Kunstsammlung Rudolf Mosse« an der Staatlichen Kunsthalle Karlsruhe von Februar bis Juni 2015.

Von April 2010 bis Oktober 2013 (mit Unterbrechungen) fand an der Kunsthalle ein langfristiges Projekt zu den Erwerbungen der Staatlichen Kunsthalle Karlsruhe von 1933 bis 1945, unter besonderer Berücksichtigung der badisch-elsässischen »Generalverwaltung der oberrheinischen Museen«, statt.

. . . .

JASMIN HARTMANN

Adolph von Menzels »Blick über die Dächer von Schandau«

Ein Beispiel proaktiver Provenienzforschung am Wallraf-Richartz-Museum

Im September 2016 entschied der Rat der Stadt Köln, die Bleistiftzeichnung »Blick über die Dächer von Schandau« von Adolph von Menzel (Abb. 1) an die rechtmäßigen Erben des Ehepaares Elisabeth Linda Martens und Gerhard Otto Martens (früher Cohen) zu restituieren. Damit endete eine Recherche in der Graphischen Sammlung des Wallraf-Richartz-Museums, die im Dezember 2014 ihren Anfang nahm und rückblickend als ein erfolgreiches Beispiel einer Provenienzrecherche und deren Vermittlung für die Öffentlichkeit gelten kann.

Wie kam es zur Rückgabe der Zeichnung?
Im September 2013 startete das Projekt zur Erforschung der Herkunft von etwa 2 500 zwischen 1933 und 1945 erworbenen Papierarbeiten. Nach Erfassung und Spezifizierung des Untersuchungsgegenstandes kristallisierte sich heraus, dass der Umfang in Anbetracht der zeitlich begrenzten Laufzeit des Projekts einer Priorisierung bedurfte. Anschließend wurden Untersuchungsgruppen unter folgenden Kriterien zusammengestellt: Stand der Dokumentation, Quellenlage und wissenschaftliche Erforschung, materielle und immaterielle Bedeutung der Werke für die Sammlung sowie Grad des Verdachts auf NS-Raubkunst.

81 Zeichnungen deutscher Künstler des 19. Jahrhunderts bildeten eine eigene Recherchegruppe. Das Zwischenergebnis bestand neben gewichtiger Kontextforschung zur Institutions- und Sammlungsgeschichte des Hauses jedoch aufgrund fehlender Ankaufsunterlagen größtenteils aus unvollständigen Provenienzen; man entschloss sich daraufhin, eine Ausstellung sowie eine Tagung zu konzipieren, welche die erschwerte Herkunftsrecherche von Grafik

1
Adolph von Menzel ·
Blick über die Dächer
von Schandau · 1886 ·
Bleistift auf Papier ·
205 × 125 mm · ehe-
mals Wallraf-Richartz-
Museum & Fondation
Corboud, Graphische
Sammlung, Inv.-Nr.
1939/070

zum Thema machte (Abb. 2).[1] Die bloße Dokumentation der Objekte
mit lückenhafter Herkunft in der Lost Art-Datenbank sollte nicht
das Ergebnis dieser Recherchen sein; ein zusätzlicher wissenschaftlicher und öffentlicher Austausch über den Umgang mit rudimen-
tären Provenienzen im Museum erschien unerlässlich. Der Zeitpunkt der Ausstellung inmitten des laufenden Projekts war bewusst
gewählt, um neue Erkenntnisse noch während der Projektlaufzeit
in die Forschung einfließen lassen zu können.

Für die Kabinettausstellung wurden 13 Zeichnungen ausgewählt, in dessen Mittelpunkt Menzels »Blick über die Dächer von Schandau« stand. Die Provenienz war zum Zeitpunkt der Konzipierung der Ausstellung verdächtig, jedoch nicht aufgeklärt.

Mithilfe eines Karteikastens (Abb. 3) konnten Besucherinnen und Besucher in der Ausstellung die Forschung zur Herkunft der Zeichnung nachvollziehen. Fünf Trennwände markierten methodisch die Arbeitsschritte: die »Bestandsaufnahme« aller im Museum zugänglichen Informationen zur Zeichnung, darauf aufbauend die »Objektrecherchen«, »Recherchen zum Vorbesitzer«, »Recherchen zu Kunsthändlern und Vermittlern« sowie schließlich die Zusammenführung der Ergebnisse in der »Auswertung«. Die Karteikarten dazwischen visualisierten die einzelnen Rechercheschritte, wobei die Vorderseite das jeweilige Vorgehen erklärte und die Rückseite das Rechercheergebnis verriet. Analog zum Karteikastensystem soll der Fall im Folgenden zusammenfassend skizziert werden.

Die Bestandsaufnahme

Wertet man die sich erhaltene Dokumentation im Archiv des Museums aus, ergibt sich folgendes Bild: Den »Blick über die Dächer von Schandau« hielt Adolph von Menzel während einer Sommerreise nach Bad Schandau im Jahr 1886 fest. Die Zeichnung wurde 1905, wenige Wochen nach dem Tod des Künstlers, in der knapp 5 700 Werke umfassenden Menzel-Retrospektive in der Königlichen Nationalgalerie in Berlin gezeigt. Als Leihgeber des Blattes fungierte Albert Martin Wolffson (1847 – 1913), der insgesamt 31 Zeichnungen zur Ausstellung beisteuerte.[2] Danach lässt sich das Blatt erst wieder 1939 nachweisen, als das Wallraf-Richartz-Museum es in Chemnitz aus einer Ausstellung der Kunsthandlung Gerstenberger erwarb.[3] Die Lücke zwischen 1905 und 1939 ließ sich aufgrund der Quellenlage im Hausarchiv zunächst nicht aufklären.

Objektrecherchen

Darüber hinausgehende, das Objekt betreffende Recherchen bestätigten bereits vorhandene Informationen, ergaben aber keine neuen Hinweise zur Herkunft des Objekts. Da ein Werkverzeichnis der Menzel-Zeichnungen noch aussteht, prüfte man flächendeckend monografische Literatur sowie Ausstellungs- und Auktionskataloge, um wechselnde Standorte, Besitzer und Eigentümer nachzuweisen. Sowohl die umfangreiche Literatur- und Quellenrecherche als auch die Untersuchung der Vorder- und Rückseite der Zeichnung

2
Blick in die
Ausstellung
»Provenienz Macht
Geschichte« im
Graphischen Kabinett
des Wallraf-Richartz-
Museum & Fondation
Corboud, Köln,
6. November 2015 –
31. Januar 2016

auf Gebrauchsspuren und Provenienzmerkmale ergaben keine neuen Erkenntnisse. Ebenso blieb ein Check einschlägiger Datenbanken ergebnislos.

Recherchen zum Vorbesitzer

Da die Nachweise des Objekts in kunst- und historischen Quellen keine weiteren Aufschlüsse über die Herkunft ergaben, wurde parallel mehr über den Hamburger Rechtsanwalt Albert Martin Wolffson in Erfahrung gebracht.

Wolffson hatte zu Lebzeiten eine stattliche Kunstsammlung mit Werken des späten 19. Jahrhunderts wie von Max Liebermann, Gustave Courbet und Claude Monet zusammentragen können. Liebermann selbst war ihm nicht nur ein persönlicher Freund, sondern – wie auch der Direktor der Hamburger Kunsthalle Alfred Lichtwark – ein Berater für seine Sammlung. Auch umgekehrt galt Wolffson, seit 1898 Mitglied der Kommission für die Verwaltung der Hamburger Kunsthalle, als ein wichtiger Protegé: »Lichtwarks Bestrebungen haben wohl von Niemandem so andauernde und erfolgreiche Unterstützung erfahren, wie vonseiten Dr. Wolffsons, für dessen Liebe zu den Künstlern auch die mit erlesenen Bilder und Stichen geschmückten Wände seines gastlichen Hauses zeugten.«[4]

»Einen Glanzpunkt [der Sammlung Wolffson] bildete ein Konvolut von 36 Menzel-Zeichnungen. Dazu kam eine große graphische Sammlung von 929 Blatt [...]. Darin allein [...] 100 Menzel [...].«[5] Die Sammlungsliste von 1903 sowie ein handschriftlicher Plan von

1913 zur Aufteilung der Sammlung im Falle des Ablebens von Albert
Martin Wolffson legen nahe, dass die Menzel-Zeichnungen etwa um
1903 erworben wurden und bis 1913 noch vollständig in Familienbe-
sitz waren. Was danach mit der Sammlung passierte, konnte nur aus-
schnitthaft rekonstruiert werden: Nach seinem Tod wurden Teile der
Sammlung an die Hamburger Kunsthalle veräußert und verschenkt,
»einiges verkaufte die Witwe Helene Wolffson später, um das große
Haus halten zu können und für den Lebensunterhalt. Die Sammlung
kam reduziert an den Sohn Dr. Ernst Julius Wolffson [...]«, so beschreibt die Kunsthistorikerin Maike Bruhns die Weitergabe der
Sammlung in den 1920er Jahren innerhalb der Familie.[6]

Ernst Julius Wolffson (1881 – 1955) war evangelisch, wurde aber
unter dem Regime der Nationalsozialisten aufgrund dreier jüdischer Großeltern zum Viertel-Juden erklärt. Die Akten des Wieder-
gutmachungsverfahrens geben ausführlich Auskunft über sein
persönliches Verfolgungsschicksal: 1933 verlor er seine Stelle als
Arzt, 1937 seine kassenärztliche Zulassung, im September 1938 die
Approbation, nach dem Novemberpogrom 1938 war er für drei Wochen im KZ Sachsenhausen inhaftiert. Unmittelbar nach seiner Ent-
lassung veräußerte er neun Menzel-Zeichnungen an Hildebrand
Gurlitt; die Zeichnung »Blick über die Dächer von Schandau« zählte
nicht dazu.[7]

Die Lücke in der Provenienz ließ sich somit auf den Zeitraum
von 1913 bis 1939 verkleinern, doch der Zeitpunkt der Veräußerung
der Zeichnung blieb weiter unklar.

Recherchen zu Kunsthändlern und Vermittlern

Der sich zu Beginn andeutende und im Laufe der Recherche verstärkende Anfangsverdacht auf NS-Raubkunst machte eine weitere Untersuchung aus folgenden Gründen unerlässlich:

1. Die Zeichnung war vor 1933 zuletzt in jüdischem Besitz.
2. Die eklatante Provenienzlücke zwischen 1913 und 1939 ließ sich nicht schließen.
3. Die Zeichnung wurde 1939 über die Kunsthandlung Gerstenberger in Chemnitz erworben, von dessen Inhaber Wilhelm Grosshennig (1893–1983) den amerikanischen Alliierten einschlägig bekannt war, dass er in den Handel mit NS-Raubkunst involviert gewesen war.[8]

Durch den sogenannten Schwabinger Kunstfund nahm die Recherche die entscheidende Wendung: Aus dem Nachlass von Cornelius Gurlitt wurden im November 2014 die Geschäftsbücher seines Vaters Hildebrand Gurlitt über die Lost Art-Datenbank veröffentlicht. Da Hildebrand Gurlitt eine wichtige Rolle in der Ankaufspolitik des Wallraf-Richartz-Museums im »Dritten Reich« spielte und auch nachweislich Werke der Sammlung Wolffson erworben hatte, wurden die Bücher systematisch mit den Erwerbungen des Museums abgeglichen.[9] Die erwähnten neun Menzel-Zeichnungen aus dem Besitz von Ernst Julius Wolffson fanden sich in den Büchern wieder: Der Hamburger Kunsthändler erwarb sie am 1. Dezember 1938.[10]

Aus einer anderen Quelle kaufte Gurlitt in demselben Monat 14 weitere Menzel-Zeichnungen an, die durch Abgleich mit dem Ausstellungskatalog der Retrospektive von 1905 der ursprünglichen Sammlung von Albert Martin Wolffson zugeordnet werden konnten.[11] Darunter war auch eine Zeichnung mit dem Titel »Dächer«. Als Verkäuferinnen notierte Gurlitt »Frau Dr. Cohen« und »Frau Dr. Martens«. Personenrecherchen und ein Gespräch mit den Nachfahren der Familie Wolffson führten zum Ergebnis, dass es sich um Elsa Helene Cohen, geborene Wolffson (1874–1947), und ihre Schwiegertochter Elisabeth Linda Martens (1908–2010) handelte.

Die seit 1929 verwitwete Elsa Cohen, Tochter von Albert Martin Wolffson, floh gemeinsam mit der Familie ihres einzigen Sohnes, Dr. Gerhard Otto Martens, früher Cohen (1901–1974), in die USA. Wohl zur Finanzierung der Flucht veräußerten beide am 31. Dezember 1938 Zeichnungen aus der Familiensammlung. Das Blatt

»Dächer« stammte aus dem Eigentum des Ehepaares Gerhard Otto und Elisabeth Linda Martens.

Der Weg über die Galerie Gerstenberger konnte wie folgt aufgelöst werden: Gemeinsam mit drei weiteren Papierarbeiten aus dem Konvolut hatte Gurlitt diese Zeichnung wohl in Kommission an Wilhelm Grosshennig vermittelt, der sie von Juni bis Juli 1939 im Rahmen einer Menzel-Ausstellung in seiner Chemnitzer Galerie zum Verkauf anbot. Die ebenfalls dort ausgestellte Menzel-Zeichnung »Inneres einer Gotischen Kirche« blieb unverkauft und ging an Gurlitt zurück. Sie befindet sich heute im »Schwabinger Kunstfund« und wurde ebenfalls als NS-Raubkunst identifiziert und restituiert.[12]

Auswertung
Die Witwe von Albert Martin Wolffson, Marie Helene Wolffson († 1927), vermachte die Sammlung ihren beiden Kindern Elsa Helene und Ernst Julius.[13] Unter der Herrschaft der Nationalsozialisten war die Familie aufgrund ihrer jüdischen Abstammung verfolgt und musste mindestens 23 Menzel-Zeichnungen aus ihrem Besitz veräußern. Die Provenienz der Zeichnung »Blick über die Dächer von Schandau« konnte noch vor Eröffnung der Ausstellung im November 2015 vollständig aufgeklärt werden. Mithilfe der für alle städtischen Museen der Stadt Köln zuständigen Provenienzforscher im Dezernat für Kunst und Kultur ermittelte man die Nachfahren in den USA und erstellte ein Gutachten als Entscheidungsgrundlage des Rates. Die Rückgabe der Zeichnung erfolgte schließlich im November 2016. Abschließend wurde der Fall in der Ausstellung »Unsere Werte? Provenienzforschung im Dialog: Leopold-Hoesch-Museum und Wallraf-Richartz-Museum« in Düren noch einmal gezeigt.[14]

---

1 Vom 6.11.2015 – 31.1.2016 fand im Graphischen Kabinett des Wallraf-Richartz-Museum & Fondation Corboud in Köln die Ausstellung »Provenienz Macht Geschichte. Ankäufe deutscher Zeichnungen des 19. Jahrhunderts im Nationalsozialismus« statt, die in Zusammenarbeit mit Thomas Ketelsen, Britta Olényi von Husen und Marcus Leifeld entstand. Der Ausstellungskatalog fasst die Zwischenergebnisse zusammen; vgl. Provenienz Macht Geschichte. Ankäufe deutscher Zeichnungen des 19. Jahrhunderts im Nationalsozialismus, Ausst.-Kat. Graphisches Kabinett, Wallraf-Richartz-Museum & Fondation Corboud, Köln 2015/16, hg. von Jasmin Hartmann, Thomas Ketelsen, Köln 2015; zur Tagung: www.lootedart.com/web_images/pdf2016/Tagungs programm_Wallraf_Provenienz.pdf (13.1.2017).

2 Hugo von Tschudi, Ernst Schedeler-Meyer, Guido Joseph Kern (Hg.): Adolph von Menzel, Abbildungen seiner Gemälde und Studien, auf Grund der von der Königlichen Nationalgalerie im Frühjahr 1905 veranstalteten Ausstellung, Berlin 1905, Nrn. 5418 – 5449, hier S. 364, Nr. 5445 (»Blick auf ein Häuserviertel«).

3 Adolph Menzel 1815–1905, Ausst.-Kat. Kunstausstellung Gerstenberger, Chemnitz 1939, Nr. 24; Wallraf-Richartz-Museum, Graphische Sammlung, Eintrag 1939/70; Hella Robels, Katalog ausgewählter Handzeichnungen und Aquarelle, hg. von Gert von der Osten, Horst Keller, Köln 1967, S. 80 f., Abb. Nr. 73.

4 Staatsarchiv Hamburg, Zeitungsausschnittsammlung 731-8, A773, Nachruf Dr. Albert Wolffson, in: Hamburger Correspondent, 18.12.1913; Nachruf Dr. Albert Wolffson, in: Hamburger Echo, 18.12.1913.

5 Vgl. Maike Bruhns: Kunst in der Krise, Bd. 1: Hamburger Kunst im »Dritten Reich«, Hamburg 2001, S. 259.

6 Ebd.

7 Vgl. Staatsarchiv Hamburg, Bestand 351-11 Amt für Wiedergutmachung, Nrn. 6025 und 14485 sowie Bestand 213-13 Landgericht Wiedergutmachung, Nrn. 3808 und 3809.

8 Wilhelm Grosshennig wurde von den amerikanischen Alliierten im ALIU Final Report als Beteiligter am NS-Kunstraub gelistet; vgl. www.lostart.de/Content/051_ProvenienzRaubkunst/DE/Beteiligte/G/Grosshenning.html?nn=5150&cms_lv2=95556&cms_lv3=25848 (1.12.2016). Weiterführend dazu: Ulrike Saß (geb. Scholz): Die Galerie Gerstenberger. Markt, Kunst- und Museumspolitik während der Weimarer Republik und im Nationalsozialismus, unveröffentl. Diss., Universität Leipzig 2016.

9 Katja Terlau: Hildebrand Gurlitt and the Art Trade during the Nazi Period, in: American Association of Museums (Hg.): Vitalizing Memory. International Perspectives on Provenance Research, Washington 2005, S. 165–171.

10 Nachlass Cornelius Gurlitt, Ein- und Verkaufsbuch 1937 von Hildebrand Gurlitt, S. 16 f., lfd. Nr. 1166; vgl. www.lostart.de/Content/041_KunstfundMuenchen/_Buecher/Buch2/8_S.16-17_1938GS.jpg?__blob=poster&v=5 (1.12.2016). In den Geschäftsbüchern Gurlitts wird der Nachname fälschlicherweise »Wolfsohn« geschrieben.

11 Ebd., S. 24 f., lfd. Nrn. 1180–1193; vgl. www.lostart.de/Content/041_KunstfundMuenchen/_Buecher/Buch2/12_S.24-25_1939GS.jpg?__blob=poster (1.12.2016).

12 Vgl. Provenienzbericht zu Adolph von Menzels »Inneres einer gotischen Kirche«: www.taskforce-kunstfund.de/fileadmin/_downloads/Schlussbericht_Menzel_Gotische_Kirche_2015-12-02_DE-Veroeffentlichung_gez.pdf (1.12.2016). Eine dritte Zeichnung »Am Bergeshang« wurde im Juni 2016 über das Auktionshaus Villa Grisebach in Berlin versteigert; vgl. Die Kunst des 19. Jahrhunderts, Verst.-Kat. Villa Grisebach Auktionen GmbH, Nr. 255, Juni 2016, Los-Nr. 208; der Großvater des Einlieferers hatte die Zeichnung laut Katalog wohl in Chemnitz bei Gerstenberger gekauft. Der heutige Standort der vierten Zeichnung ist nicht bekannt.

13 Zwei ihrer Kinder, Otto und Hans Wolffson, fielen kinderlos im Ersten Weltkrieg.

14 Die Ausstellung »Unsere Werte? Provenienzforschung im Dialog: Leopold-Hoesch-Museum und Wallraf-Richartz-Museum« lief vom 4.12.2016–19.3.2017 im Leopold-Hoesch-Museum in Düren und basierte auf einer Kooperation der beiden vom Deutschen Zentrum Kulturgutverluste geförderten Projekte; vgl. dazu auch die Ausstellungsrezension auf S. 75–78 in dieser Publikation.

....

Jasmin Hartmann ist Kunsthistorikerin und Lehrbeauftrage für Provenienzforschung. Sie leitet derzeit die Provenienzforschung für alle städtischen Museen im Kulturdezernat der Stadt Düsseldorf.

....

Förderung des langfristigen Projekts »Die Erwerbungen der Graphischen Sammlung des Wallraf-Richartz-Museums zwischen 1933 und 1945« von September 2013 bis August 2017 (mit Unterbrechungen).

....

MIRIAM OLIVIA MERZ · PETER FORSTER

Provenienzforschung und die Folgen

Zu einem Gemälde von Hans von Marées aus der Sammlung Max Silberberg

»Das Hauptwerk der Sammlung ist die *Labung*.«[1]
Am Museum Wiesbaden wurde von Juli 2009 bis Dezember 2014 – mit Unterstützung der ehemaligen Arbeitsstelle für Provenienzforschung und aus Fördermitteln der Beauftragten der Bundesregierung für Kultur und Medien – im Rahmen von drei Folgeprojekten systematisch die Provenienz von 140 Gemälden erforscht, die im Zeitraum von 1935 bis 1945 für die Kunstsammlung des Museums erworben worden waren.

Dabei wurde in einem Katalog des Berliner Auktionshauses Paul Graupe die mögliche problematische Provenienz des Gemäldes »Die Labung« von Hans von Marées (Abb. 1) aus der Sammlung Max Silberberg entdeckt. Die Abbildung sowie die Angaben zu Technik und Maßen legten eine Werkidentität mit dem in der Sammlung des Museums Wiesbaden befindlichen Gemälde nahe, die sich schließlich durch den Abgleich mit einer entsprechenden Suchmeldung der Erbenvertreter nach Max Silberberg in der Lost Art-Datenbank bestätigte.

Da das Bild erst im Jahr 1980 als Schenkung der Eheleute Rose und Friedrich Klein, Wiesbaden, in die Sammlung des Museums gelangt und somit also eigentlich nicht Gegenstand des Projekts war, wurden die Recherchen erst nach Rücksprache mit der ehemaligen Arbeitsstelle für Provenienzforschung fortgeführt.

Die im Zusammenhang mit der Schenkung des Gemäldes überlassenen Unterlagen belegen dessen Provenienz aus der Sammlung Max Silberberg. So weist der Originalauktionsbeleg aus der Versteigerung Nummer 141 bei Paul Graupe vom 23. März 1935 den Kommissionär Carl Braunstein,[2] Berlin-Lichtenrade, als Käufer des Ge-

1
Hans von Marées ·
Die Labung · Öl und
Tempera auf Pappel-
holz · 64 × 85 cm ·
Museum Wiesbaden,
Inv.-Nr. M 957

mäldes (Katalog-Nummer 9) aus. Friedrich Klein erwarb es daraufhin von Braunstein und erhielt in diesem Zusammenhang auch den
Auktionsbeleg (Abb. 3).

Das Bild ist in dem 1980 erschienenen Werkverzeichnis der Gemälde Hans von Marées mit Angaben zur Provenienz aufgeführt,
die vom Atelier des Künstlers bis zur Versteigerung bei Paul Graupe
im März 1935 reichen.[3] Einige Stationen in der Biografie des Werkes
konnten mithilfe der Rückseitenuntersuchung zusätzlich nachvoll-
zogen und belegt werden (Abb. 2).

Hans von Marées hatte das Gemälde seinem Freund Nikolaus
Kleinenberg (1842–1897) als Geschenk überlassen. Die beiden
kannten sich seit 1873, als Hans von Marées einen Saal der Zoologischen Station in Neapel mit einem großen Freskenzyklus ausstat-
tete und Nikolaus Kleinenberg das Laboratorium der Zoologischen
Station leitete. Aus Kleinenbergs Nachlass ging das Gemälde an
Artur Volkmann (1851–1941), einen Schüler und langjährigen
Freund Hans von Marées' in Rom. Ab 1908 finden sich Nachweise
für Artur Volkmann als Eigentümer des Bildes. So führt es der Katalog zur »Winterausstellung Hans von Marées«, die von Dezember
1908 bis Februar 1909 in München stattgefunden hatte, unter der
Nummer 110a und mit dem Titel »Huldigung« und dem Hinweis

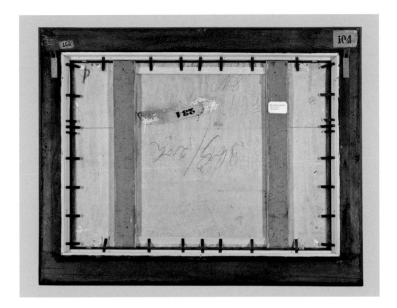

»Besitzer: Herr Professor A. Volkmann in Rom« auf. Die auf der Tafelrückseite vorgefundene rote Kreideaufschrift »110 a« bestätigt, dass
das Gemälde Teil dieser Ausstellung war. Von Februar bis April 1909
wurde »Die Labung« im Gebäude der Secession in Berlin gezeigt, der
begleitende Katalog führt das Bild unter der »No. 130« auf, als »Besitzer« wird »Herr Professor A. Volkmann in Rom« genannt.[4] Dass
das Gemälde im Dezember 1908 von Rom aus nach Deutschland zu
diversen Ausstellungen geschickt worden war, veranschaulichen
auch die beiden auf der Tafelrückseite vorgefundenen Abdrücke
eines Zollstempels »Dogana di Roma, 7 DIC 08«.

Von Artur Volkmann gelangte das Gemälde zu einem noch un-
bekannten Zeitpunkt in die Sammlung von Karl Wilhelm Zitzmann
(1871 – 1956), wo es sich erst 1925 eindeutig verorten lässt. Der aus
Erlangen stammende Kunstsammler ließ im März 1925 über 200 Werke
seiner Sammlung von Gemälden und Zeichnungen deutscher und
französischer Meister des 19. Jahrhunderts bei Paul Cassirer in Berlin
versteigern. Der Katalog zu der von Paul Cassirer und Hugo Helbing
geleiteten Auktion »Die Sammlung eines süddeutschen Kunstfreun-
des« führt das Gemälde unter Nummer 104 auf. Das auf der Rückseite des Zierrahmens befindliche Papieretikett mit der schwarzen
Zahlenfolge 104 korrespondiert mit dieser Katalognummer und

3
Auktionsbeleg zur Katalog-Nummer 9 aus der Versteigerung Nummer 141 bei Paul Graupe am 23. März 1935

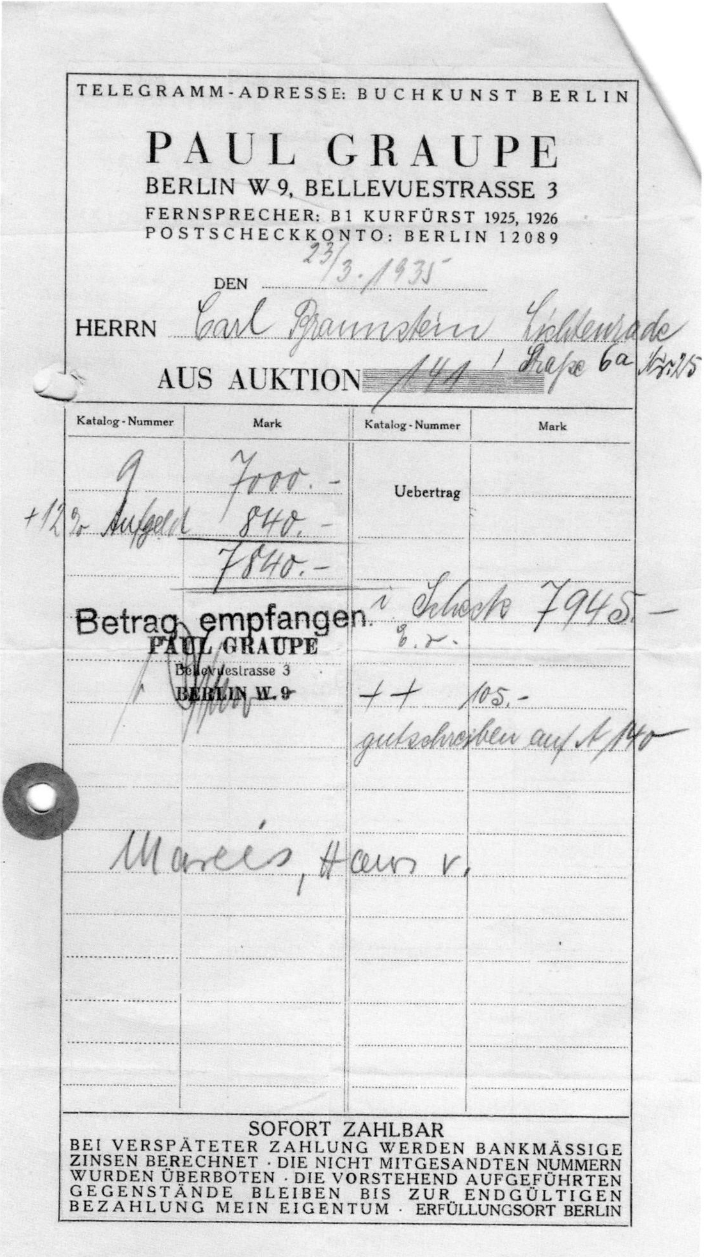

TELEGRAMM-ADRESSE: BUCHKUNST BERLIN

PAUL GRAUPE

BERLIN W 9, BELLEVUESTRASSE 3

FERNSPRECHER: B1 KURFÜRST 1925, 1926

POSTSCHECKKONTO: BERLIN 12089

DEN 23/3. 1935

HERRN Carl Braunstein Lichtenrade

AUS AUKTION 141 / Straße 6a Nr. 25

Katalog-Nummer	Mark	Katalog-Nummer	Mark
9	7000.-	Uebertrag	
+12% Aufgeld	840.-		
	7840.-		

Betrag empfangen. PAUL GRAUPE Bellevuestrasse 3 BERLIN W. 9

i Scheck 7945.-

++ 105.-

gutschreiben auf A 140

Marées, Hans v.

SOFORT ZAHLBAR
BEI VERSPÄTETER ZAHLUNG WERDEN BANKMÄSSIGE ZINSEN BERECHNET · DIE NICHT MITGESANDTEN NUMMERN WURDEN ÜBERBOTEN · DIE VORSTEHEND AUFGEFÜHRTEN GEGENSTÄNDE BLEIBEN BIS ZUR ENDGÜLTIGEN BEZAHLUNG MEIN EIGENTUM · ERFÜLLUNGSORT BERLIN

steht damit für den Eingang des Werkes in die Sammlung Max Silberberg. Dieser ließ nachweislich »Die Labung« über den damals noch bei Helbing angestellten Kunsthändler Julius Schlesinger auf dieser Auktion für sich erwerben.[5] Nur wenige Jahre später veröffentlichte Karl Scheffler in der Zeitschrift »Kunst und Künstler« einen umfassenden und reich bebilderten Aufsatz zur Sammlung Max Silberbergs, in dem er diese als »konzentriert, gleichnishaft« und als »lebendigen Organismus« beschreibt, da sie »über sich hinaus auf das Ganze der Kunst des neunzehnten Jahrhunderts« weise. Der Kunstkritiker bemerkt die starke Betonung der Kunst Hans von Marées innerhalb der Sammlung und benennt die »Labung« als deren Hauptwerk.[6]

Max Silberberg wurde 1878 in Neuruppin geboren und war nach einer kaufmännischen Ausbildung zunächst als Prokurist bei der Firma M. Weissenberg in Beuthen (Oberschlesien) tätig. Bereits vor dem Umzug nach Breslau, wo er ab 1920 Mitinhaber der Firma seines Schwiegervaters wurde, hatte er begonnen, eine Sammlung deutscher und französischer Kunst des 19. und 20. Jahrhunderts zusammenzutragen.[7] In Breslau engagierte sich Max Silberberg im Kulturleben der Stadt, so gehörte er dem Kuratorium des Schlesischen Museums der bildenden Künste an und hatte die Gesellschaft der Kunstfreunde gegründet, die das Museum als Fördereinrichtung unterstützte. Darüber hinaus war Max Silberberg auch Gründer und Vorsitzender des Vereins »Jüdisches Museum e.V.« und Vorsitzender des Breslauer Jüdischen Kulturkreises.[8]

Mit der Machtübernahme der Nationalsozialisten begann für die jüdische Familie Silberberg eine Zeit der systematischen Ausgrenzung und Enteignung. Max Silberberg wurde 1933 aller öffentlichen Ämter enthoben. Im Sommer 1935 erfolgte der Zwangsverkauf seiner Villa an den Sicherheitsdienst der NSDAP. Max Silberberg musste sich vom überwiegenden Teil seiner Kunstsammlung trennen, die in mehreren Auktionen im Berliner Auktionshaus Paul Graupe versteigert wurde. So gelangte am 23. März 1935 das Gemälde Hans von Marées' zur Auktion, wo es von dem Kommissionär Carl Braunstein erworben wurde.

1942 wurden die Eheleute Johanna und Max Silberberg zunächst in das Konzentrationslager Theresienstadt deportiert und später vermutlich in Auschwitz ermordet. Ihr Sohn Alfred (geboren am 8. November 1906) konnte Anfang 1939 mit seiner Ehefrau Gerta Silberberg nach Großbritannien emigrieren; beide überlebten so den Holocaust.

Das Hessische Ministerium für Wissenschaft und Kunst stimmte am 19. Dezember 2013 der Empfehlung des Museums Wiesbaden zur Restitution des Gemäldes gemäß der »Washingtoner Prinzipien« und der »Gemeinsamen Erklärung der Bundesregierung, der Länder und der kommunalen Spitzenverbände« zu. Per Vereinbarung vom 28. April 2014 wurde das Bild an die Erben nach Max Silberberg zurückerstattet und konnte dank deren Bereitschaft im Anschluss daran rechtmäßig für die Sammlung des Museums Wiesbaden erworben werden.

MIRIAM OLIVIA MERZ

»Wiesbaden schafft die Wende!«
Eine Stadt bezieht Position

Dank der Restitution des Gemäldes »Die Labung« von Hans von Marées (Abb. 1) konnte seitens des Wiesbadener Hauses begangenes Unrecht wiedergutgemacht werden. Dies basierte auf dem Grundsatz des Museums, dass man sich nicht ein zweites Mal schuldig machen wolle, indem man Kulturgüter beherberge, die einem rechtmäßig nicht gehören.

Marées »Labung« fungierte in seiner hervorgehobenen Stellung als Scharnier zwischen den beiden Sammlungsbereichen »Alte Meister« und »Klassische Moderne«. Entsprechend groß war der Wunsch, dieses Gemälde für das Museum rechtmäßig zu erwerben. Von Seiten der Erben nach Max Silberberg wurde die Bereitschaft signalisiert, in Verhandlungen zu treten. Werke von Marées sind selten auf dem Kunstmarkt zu finden, und so war es ein Glücksfall, dass die Erben dem Museum ein Vorkaufsrecht einräumten.

Externe Marées-Experten wurden nachfolgend um wissenschaftliche Gutachten sowie um eine monetäre Bewertung des Bildes gebeten. Nach der finanziellen Einigung stand man aber vor dem Problem, dass die Kaufsumme die finanziellen Möglichkeiten des Museums überstieg. Zwar signalisierten sowohl die Kulturstiftung der Länder als auch die Hessische Kulturstiftung ihre Bereitschaft, den Ankauf anteilig zu fördern. Als ersten Schritt beschloss zudem die Museumsleitung, den Erlös der jährlichen Museumsgala auch dafür zu verwenden. Doch trotz dieser Förderungen war die Kaufsumme noch nicht abgedeckt. Es musste nach einem weiteren Weg gesucht werden, diese Summe aufzubringen.

Nachdem man die Geschichte des Gemäldes publik gemacht hatte, wurde deutlich, dass es ein großes Interesse in der Wiesbade-

ner Bevölkerung gab, sich mit den verbrecherischen Vorgängen des Nationalsozialismus auseinanderzusetzen. Das Wiesbadener Museum reagierte, indem es Veranstaltungen anbot, in denen die Vorgänge um die Erwerbungen im Zeitraum zwischen 1935 und 1945 beleuchtet und die Ankäufe nach dem Zweiten Weltkrieg hinterfragt wurden. Das Resultat dieser Aufklärungsarbeit mündete in der Bereitschaft der Wiesbadener Bürgerinnen und Bürger, bei der Neubeziehungsweise Wiederbeschaffung restituierter Werke finanzielle Unterstützung zu leisten.

Dieses positive Stimmungsbild war der Startschuss für eine Kampagne mit dem Titel »Wiesbaden schafft die Wende!«, die das Museum zusammen mit einer Agentur entwickelte (Abb. 5). Als Schirmherr konnte der Wissenschafts- und Kunstminister Boris Rhein gewonnen werden, der sich klar positionierte: »Die Kampagne macht auf das von den Nationalsozialisten verübte Unrecht aufmerksam. Deshalb habe ich die Schirmherrschaft übernommen, denn diesem Unrecht müssen wir uns stellen. Nur so können wir deutlich machen, dass wir nicht vergessen, was in der NS-Zeit passiert ist. Unser Ziel ist es, das geschehene Unrecht aktiv aufzuarbeiten.«

Der initiierte Spendenaufruf hatte neben der rein monetären Seite weitere Ziele: Auf diesem Weg konnte auf die Grundproblematik von unrechtmäßig erworbener Kunst in Museen aufmerksam gemacht werden. Ferner gelang es, das Geschichtsbewusstsein für die Zeit des Nationalsozialismus zu schärfen und auf das Schicksal der Opfer aufmerksam zu machen, die während der NS-Zeit verfolgt worden waren. Die zahlreichen Spenden schufen zudem eine engere Bindung der Bürgerinnen und Bürger an »ihr« Museum.

4
Raumansicht mit
dem Gemälde vor der
»Bildwende«

Auch der Freundeskreis des Museums unterstützte das Vorhaben. Zum Slogan »Wiesbaden schafft die Wende!« entwickelte man einen weiteren Aufruf: »Bitte wenden!« Das Gemälde wurde sieben Wochen lang mit seiner Rückseite prominent im Museum präsentiert, bis die Kaufsumme erreicht war (Abb. 4).

Diesen Spendenaufruf bewarb man mittels einer umfangreichen Pressearbeit, einer Plakataktion und einem von der ESWE-Verkehrsgesellschaft gesponserten Bus, der mit dem prägnanten Slogan versehen war (Abb. 6). Jede Spende wurde durch ein kleines Präsent (beispielsweise mit einer Tasse oder einem Puzzle) belohnt. Die Kampagne fand in der Stadt eine rasante Verbreitung und eine bundesweite Resonanz.

Am 7. November 2014 konnten schließlich Minister Boris Rhein und Museumsdirektor Alexander Klar symbolisch die »Bildwende« vollziehen. Dank des breiten Engagements der Wiesbadener Bürgerschaft, dem Verein der Freunde des Museums, der Kulturstiftung der Länder und der Hessischen Kulturstiftung war es möglich geworden, das Gemälde »Die Labung« für das Museum zu sichern und darauf aufmerksam zu machen, dass das Unrecht der NS-Zeit nicht vergessen ist. In der heutigen Präsentation wird auf die Herkunft des Bildes aus der Sammlung Max Silberberg, auf die Schenkung der Eheleute Klein, auf die Restitution und den anschließenden Ankauf durch das Museum verwiesen.

Trotz des großen Erfolgs wurde deutlich, dass es sich um eine nicht wiederholbare Kraftanstrengung handelte. Die Aufmerksamkeitsspanne und Spendenbereitschaft der Bürgerschaft würde sich bei einer weiteren restitutionsbedingten Aktion schnell erschöpfen. In diesem Bewusstsein gilt es, neue Strukturen zu schaffen, neue Ressourcen zu erschließen, die sich in einem staatlichen Hilfsfonds bündeln sollten. Nach der Restitution des Gemäldes von Hans von Marées haben sich neue Restitutionsfälle ergeben. Das Museum Wiesbaden steht damit 2017 vor dem gleichen Problem wie 2014. Die Kampagne hat zwar gezeigt, dass eine Stadt in der Lage ist, klar Position zu beziehen und sich ihrer Verantwortung für die eigene Geschichte zu stellen. Nun müssen aber die Weichen für »neue Zeichen« gestellt werden, die nicht nur von den Museen selbst entwickelt werden können. Hier sind die politisch Verantwortlichen gefordert, neue Modelle zu entwickeln, die in einem nötigen Zusammenspiel aus Forschung und Folgefinanzierung zum Erhalt der Werke für die Museen münden, wenn die Erben der ursprünglichen Besitzer hiermit einverstanden sind.

PETER FORSTER

1 Karl Scheffler: Die Sammlung Max Silberberg in: Kunst und Künstler 30 (1931), Heft 1, S. 3 – 20, hier S. 16.
2 Landesarchiv Berlin, A Rep 243-04 Nr. 1035, Personenakte Carl Braunstein.
3 Uta Gerlach-Laxner: Hans von Marées. Katalog seiner Gemälde, München 1980, S. 172, Kat.-Nr. 149.
4 Ausstellung Hans von Marées, Ausst.-Kat. Secession, Berlin 1909, S. 59.
5 Bericht von Monika Tatzkow zu dem Gemälde als Anlage eines Schreibens der Erbenvertreter an das Museum Wiesbaden vom 26.9.2013.
6 Scheffler 1931.
7 Anja Heuß: Die Sammlung Max Silberberg in Breslau, in: Andrea Pophanken, Felix Billeter (Hg.): Die Moderne und ihre Sammler. Französische Kunst in deutschem Privatbesitz vom Kaiserreich zur Weimarer Republik, Berlin 2001, S. 311 – 326.
8 Monika Tatzkow: Max Silberberg, in: dies., Melissa Müller: Verlorene Bilder, Verlorene Leben. Jüdische Sammler und was aus ihren Kunstwerken wurde, München 2009, S. 114 – 129, hier S. 119.

....

Miriam Olivia Merz war von 2011 bis 2014 Bearbeiterin des unten genannten Projekts. Seit 2015 ist sie Provenienzforscherin an der Zentralen Stelle für Provenienzforschung in Hessen.

Dr. Peter Forster ist Kustos der Alten Meister und Leiter der Provenienzforschung im Museum Wiesbaden.

....

Förderung des langfristigen Projekts »Provenienzforschung zu den Erwerbungen des Museum Wiesbaden zwischen 1935 und 1945« von Juli 2009 bis Dezember 2014 (mit Unterbrechungen) am Museum Wiesbaden.

....

MARIA TISCHNER

Bücher von August Liebmann Mayer in der Bibliothek des Zentralinstituts für Kunstgeschichte

Ungeachtet der verschiedenen, durch die ehemalige Arbeitsstelle für Provenienzforschung oder das Deutsche Zentrum Kulturgutverluste geförderten Erschließungs-, Digitalisierungs- und Forschungsprojekte am Zentralinstitut für Kunstgeschichte (ZI) war dieses noch nie selbst Gegenstand der Untersuchungen. Insofern war das Projekt »Bücher aus der NS-verfolgungsbedingt entzogenen Bibliothek von August Liebmann Mayer (1885 – 1944) in der Bibliothek des ZI« (Februar – Juli 2016) ein Novum.[1]

Als öffentliche Institution ist das ZI gemäß den »Washingtoner Prinzipien« dazu verpflichtet, seine Bestände auf NS-verfolgungsbedingt entzogenes Kulturgut zu überprüfen. Das Zentrum förderte das kurzfristige Projekt, um dem ZI zu ermöglichen, Bücher aus Mayers Bibliothek zu identifizieren und diese im Anschluss an seine Tochter Angelika Mayer (* 1930) zu restituieren.

Schicksal August Liebmann Mayers

Der jüdische Kunsthistoriker August Liebmann Mayer gilt als einer der bedeutendsten Kenner spanischer Kunst in der ersten Hälfte des 20. Jahrhunderts (Abb. 1). Er war sowohl Hauptkonservator an der Pinakothek als auch außerordentlicher Professor an der Ludwig-Maximilians-Universität in München und fertigte als gefragter Experte zudem zahllose Gutachten an.

Aufgrund einer öffentlichen Debatte um angeblich falsche Zuschreibungen sah sich Mayer 1931 veranlasst, seine Ämter niederzulegen. Was als Besänftigungsmaßnahme gegenüber seinen Anklägern gedacht war, wurde als Schuldeingeständnis gedeutet.[2] Diese Attacke, die offiziell das Expertisenwesen und deren Verquickung mit dem Handel und den Museen fokussierte, mündete später in eine antisemitische Hetzkampagne gegen Mayer: So wurde er 1933 (nachweislich zu Unrecht) der Steuerhinterziehung bezichtigt und unter diesem Vorwand mehrere Male in »Schutzhaft« genommen, wo er einen Suizidversuch unternahm.[3] Aufgrund weiterer Vorfälle sah er sich 1935 gezwungen, mit seiner Familie nach Frankreich zu fliehen. Doch selbst im Pariser Exil war er nicht vor dem Zugriff der Nationalsozialisten sicher, weshalb er sich in den Süden Frankreichs zurückzog. Über Nizza flüchtete er schließlich weiter nach Monte Carlo. Dort wurde er aufgegriffen, verhaftet und über das Sammellager Drancy nach Auschwitz deportiert, wo man ihn vermutlich am 12. März 1944 ermordete,[4] was seine Tochter Angelika, deren Mutter bereits 1941 verstorben war, zur staatenlosen Vollwaisen machte.

Verbleib seiner Bibliothek

Aufgrund der fingierten Steuerschulden belastete der NS-Staat 1936 nicht nur Mayers Haus in Tutzing mit einer Sicherheitshypothek, sondern veräußerte es anschließend auch, wobei die wertvolle Bibliothek beschlagnahmt werden sollte. Nur die Intervention von Mayers Rechtsanwalt und ein Darlehen der Gebrüder Duveen machten es möglich, dass sie schließlich doch noch nach Paris verschickt werden konnte.[5]

2
Aktennotiz des Einsatzstabs Reichsleiter Rosenberg zur Plünderung der Kunstbibliothek aus Mayers Pariser Wohnung · 1942 · Bundesarchiv, B 323/278, Bl. 19

Sonderstab Bildende Kunst   Paris, den 14. Sept. 1942
Arbeitsgruppe Louvre   Dr.Tom/St.

        A k t e n n o t i z .

    Betr.: A. L. M a y e r ; Paris, 9, rue Mont Thabor
           Kunstbibliothek.
    _____

    Am 9. u. 10. Mai 1942 wurde die gesamte Kunstbibliothek des

    Professors für Kunstgeschichte A.L. Mayer von Pg. Fleischer

    und mir geräumt und im Bibliotheksraum der Dienststelle Westen

    Av. d'Iena 54 ausgestellt, einige Tage später verpackt und als

    Göring-Sammlung nach Berlin transportiert. Die Bibliothek

    ist durch die Dienststelle Westen am 5. 6. 1942 sichergestellt

    worden.

                                        Dr. Tomforde

1941, als Mayer sich schon im Süden Frankreichs befand, wurde seine Wohnung in der Rue du Mont Thabor in Paris durch konkurrierende NS-Organisationen geplündert. Sein umfassender Bücherbestand, der als größte Fachbibliothek zu spanischer Kunst außerhalb Spaniens galt, wurde vom Einsatzstab Reichsleiter Rosenberg (ERR) beschlagnahmt und sollte an Hermann Göring gehen (Abb. 2). Aus Luftschutzgründen verbrachte sie der Einsatzstab aber nach Schloss Kogl in Österreich. Nach Kriegsende wurden die dort gelagerten Kulturgüter auf Veranlassung der alliierten Militärregierung in den Central Collecting Point (CCP) München überführt. Hier sichtete der deutsche Bibliothekar Hans Beilhack im Auftrag der Library of Congress Mission unter anderem die aus Kogl gelieferten Bücher und ordnete einen beträchtlichen Teil davon der Provenienz Mayer zu (Abb. 3 und 4). Diese kamen daraufhin in das Offenbach Archival Depot, wo sich ihre Spur verliert.[6]

Diejenigen Bücher allerdings, deren Provenienz nicht eindeutig identifizierbar war, verblieben im CCP und gingen am 3. Mai 1947 an die Bibliothek des gerade gegründeten Zentralinstituts für Kunstgeschichte.

Die Bibliothek des ZI in München ist heute mit circa 590 000 Büchern die größte kunstwissenschaftliche Bibliothek Deutschlands, aber auch eine der jüngsten. Sie ging aus dem CCP hervor, der sich seit Sommer 1945 im Verwaltungsbau der NSDAP befand. Auch weil der kunsthistorische Buchbestand der Bayerischen Staatsbibliothek

3 und 4
Der sogenannte Beil-
hack-Report vom
3. Mai 1947 · The Nati-
onal Archives (NARA),
Ardelia Hall Collection:
Munich Administrative
Records. Records Con-
cerning the Central
Collecting Points:
Munich Central Collec-
ting Point, 1945 – 1951,
Record Group 260, Lib-
rary of Congress, S. 2 f.

LIBRARY OF CONGRESS MISSION
Hq. US Forces, European Theater
APO 757 US Army
- B e i l h a c k -

R e p o r t
----
on the library of art books recovered from Schloss K o g l .

The library was collected and managed by the Nazi Reichsleitungs-
Amt-Bildende Kunst,Berlin W.9,Bellevuestr.3 and was evacuated to Schloss
Kogl.The majority of books (2/3)probably were derived from French stocks
as French literature predominates,whilst the remainder of the books for
the most part no doubt belonged to the former jewish authority on art,
Prof.August L.Mayer of Munich,as the more recent works on arts were
probably acquired by purchase.Some of the packing cases contained
notices as can be seen from the enclosed.
The library comprises about 5000 volumes,about 2000 catalogues of
auctions and museums(mostly French),a large number of international
art journals and in addition a large number of photographs,reproduction
and graphic sketches of old and modern type.Approximately half of the
entire material consists of duplicates(in some cases from 5-to 10 copies
,a fact which is above all noticeable in the cases of the catalogues.
There is little indication as to the former owners of the works.but
names like Rothschild,Leon Blum,George Mandel etc.are occasionally to
be found.I have appended a list of the names in question as far as
France is concerned and also of some of the german names which occur
in several cases.
Since half of the entire material,as has.already been pointed out,
consists of nummerous duplicates,I suggest that one copy of the French
works,in which there is no indication of the former owner,should be
handed over to the Kunsthistorisches Zentralinstitut,whilst the remainder should be restored to France.In any case all the works in
which there is any indication of the former owner having been French
are to be restored to France.I further suggest that the german works

im which thereis an indication that the former owner was a german Jew
should be handed over to the Jewish Committee (Dr.Auerbach). I have
reserved approximely 250 works,which deal with other subjects,for the
Staatsbibliothek München,and a small number of books(approximately 30
vols.)for the Congress Library in Washington.All the remainder of the
works could be handed over to the Kunsthistorisches Zentralinstitut.

This report only refers to the material,which I have examined in
cellar (U3I) and listed accordingly.Those works of the Kogl
Library,which have,been taken over by the Kunsthist.Institut,
are not included.

Munich,3.May 1947   Hans Beilhack
                                                    Librarian

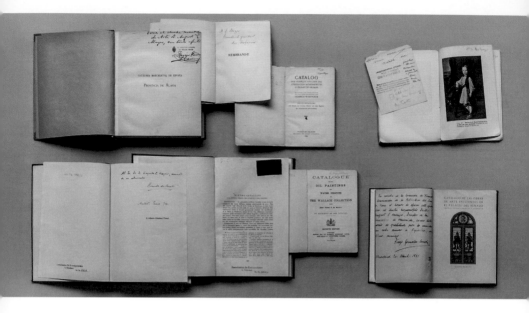

in München im Krieg weitgehend zerstört worden war, schien es naheliegend, für die neue Institution die im CCP vorhandenen Buchbestände zu nutzen,[7] die indes teilweise aus den Bibliotheken der NS-Funktionseliten stammten.

Der erste Leiter dieser Bibliothek wurde im Mai 1948 Otto Lehmann-Brockhaus, der sich jedoch offenbar nicht in der Pflicht sah, die Herkunft des Bestandes genauer zu überprüfen. Im Gegenteil: In einem Brief an den Direktor des ZI, Ludwig Heinrich Heydenreich, vermerkte er lakonisch: »Die Bibliothek ist nun zu dreiviertel sachlich aufgestellt [...]. Mit der Tilgung der alten Stempel sind wir schon lange fertig.«[8] Die Ausgangsbasis unseres Projekts war somit außerordentlich schwierig.

Projektverlauf und Ergebnis
Auch wenn nur vor 1945 erschienene Bücher zu prüfen waren, beläuft sich ihre Anzahl auf circa 52 000. Zu ihnen zählt auch der sogenannte Altbestand, der 1947 aus dem CCP in die Bibliothek übertragen wurde und außer durch eine niedrige Inventarnummer nicht von anderen Büchern mit einem Erscheinungsjahr vor 1945 zu unterscheiden ist. Zum Altbestand gibt es zwar Inventarbücher, jedoch enthalten sie keinerlei Hinweise, woher die Bücher stammen oder unter welchen Umständen sie ins Haus kamen.

6
Georges Gaillard: Les
Débuts de la sculpture
romane espagnole,
Paris 1938, S. XXII

Die Marginalien »mein
Aufsatz [...] für Wölff-
lin« deuten auf Mayers
Beitrag »Das romani-
sche Kapitell in Spani-
en. Ein systematischer
Versuch« in Hugo
Schmidts Festschrift
für Heinrich Wölfflin
von 1924 hin.

In den fünfeinhalb Monaten, die dem Projekt zur Verfügung standen, konnten nicht alle der 52 000 Bücher untersucht werden. Von Beginn an wurden daher jene Themenbereiche priorisiert, die eng mit Mayers Hauptarbeitsfeldern in Verbindung standen: Bücher über spanische Kunst und Künstler sämtlicher Epochen, französische, italienische und deutsche Kunst, aber auch die Bestandskataloge öffentlicher und privater Sammlungen sowie Künstlermonografien.

Insgesamt wurden während der Projektlaufzeit rund 21 000 Bücher systematisch gesichtet und genau auf Hinweise geprüft, die nahelegen, dass die Bücher zu einem früheren Zeitpunkt Eigentum von August Liebmann Mayer waren. Dazu gehören Widmungen an ihn, persönliche Eigentumsvermerke und handschriftliche Marginalien sowie Notizen auf Vorsatzblättern oder leeren Seiten. Durch Vergleichsproben seiner Handschrift konnten ihm Marginalien in Büchern meist eindeutig zu- oder abgeschrieben werden. Da sowohl seine beiden Exlibris von Edwin Scharff und Emil Preetorius als auch seine Pseudonyme bekannt sind,[9] war es möglich, die Bücher trotz der erwähnten Tilgungen effizient zu durchsuchen.

Im Hinblick auf mögliche Folgeprojekte wurden – unabhängig von Mayer – auch Bücher vermerkt, die andere Hinweise auf eine

Verbindung mit NS-verfolgungsbedingtem Entzug enthalten. Um allerdings eine umfassendere Provenienzrecherche in der Bibliothek des ZI durchzuführen, bedarf es freilich eines eigenen Forschungsprojekts.

Von den insgesamt über 21 000 geprüften Bänden stammen 27 Bücher (Abb. 5) aus dem Eigentum August Liebmann Mayers. Hiervon enthielten zwei seinen eigenhändigen Namenszug und fünf waren mit einer Widmung an ihn versehen. Die anderen 20 Bücher konnten ihm aufgrund handschriftlicher Indizien zugeordnet werden, die sich zudem meist in Publikationen fanden, die Mayers Forschungsfeldern entsprachen (Abb. 6). Prozentuell beläuft sich der Anteil dieser 27 Bücher an der überprüften Gesamtmenge auf etwas über 0,1 Prozent. Dieser vergleichsweise niedrige Prozentsatz ist ursächlich dadurch begründet, dass die eindeutig identifizierbaren Bücher bereits vor der Überstellung vom CCP an das ZI aussortiert worden waren. Anders gesagt: Unser Projekt war just jenem »Rest« gewidmet, der 1947 als nicht identifizierbar gegolten hatte.

Projektende und Restitution

Im OPAC des ZI weist mittlerweile ein spezieller Eintrag auf die Provenienz der Bände hin. In die Bücher selbst wurde ein entsprechendes Ex dono eingefügt, das an Mayers Schicksal erinnert und erläutert, unter welchen Umständen sie in die Bibliothek des ZI kamen (Abb. 7).

Im Rahmen des Kolloquiums »Provenienz- und Sammlungsforschung VIII« des ZI konnten die 27 Bücher am 30. November 2016 an den Rechtsvertreter von Angelika Mayer, Markus Stötzel, restituiert werden. Angelika Mayer überließ die Werke anschließend der Bibliothek des ZI als Schenkung. Sie ist der Meinung, dass auch ihr Vater diesen Aufbewahrungsort und die weitere Nutzung seiner Bücher für kunsthistorische Forschung befürwortet hätte.

1 Vgl. hierzu: www.zikg.eu/forschung/provenienzforschung-werte-von-kulturguetern/projekte (16.12.2016).

2 Christian Fuhrmeister, Susanne Kienlechner: Tatort Nizza: Kunstgeschichte zwischen Kunsthandel, Kunstraub und Verfolgung. Zur Vita von August Liebmann Mayer, mit einem Exkurs zu Bernhard Degenhart und Bemerkungen zu Erhard Göpel und Bruno Lohse, in: Ruth Heftrig, Olaf Peters, Barbara Schellewald (Hg.): Kunstgeschichte im »Dritten Reich«. Theorien, Methoden, Praktiken, Berlin 2008, S. 405–429, hier S. 410 f.
An dieser Stelle möchte ich mich bei Christian Fuhrmeister und Susanne Kienlechner bedanken, ohne deren Vorarbeiten das Projekt nicht hätte realisiert werden können.

3 Christian Fuhrmeister, Susanne Kienlechner: August Liebmann Mayer (1885–1944) – Success, Failure, Emigration, Deportation and Murder, in: Ines Rotermund-Reynard (Hg.): Echoes of Exile. Moscow Archives and the Arts in Paris 1933–1945, Berlin 2015, S. 139–159, hier S. 147 f.

4 Fuhrmeister/Kienlechner 2008, S. 416–421.

5 Ebd., S. 415 f.

6 The National Archives (NARA), Ardelia Hall Collection: Munich Administrative Records. Records Concerning the Central Collecting Points: Munich Central Collecting Point, 1945–1951, Record Group 260, Library of Congress, S. 2 f.; vgl. auch www.footnotelibrary.com/image/270076005 und www.footnotelibrary.com/image/270076009 (12.1.2017).

7 Thomas Lersch: Die Bibliothek: Geschichte – Sammelauftrag – Funktion, in: Iris Lauterbach (Red.): Das Zentralinstitut für Kunstgeschichte, München 1997, S. 39–50, hier S. 39.

8 Ebd., S. 41.

9 Fuhrmeister/Kienlechner 2015, S. 143.

. . . .

Maria Tischner ist wissenschaftliche Hilfskraft am Zentralinstitut für Kunstgeschichte in München und dort in verschiedenen Projekten zur Provenienzforschung beschäftigt.

. . . .

Förderung des kurzfristigen Projekts »Bücher aus der NS-verfolgungsbedingt entzogenen Bibliothek von August Liebmann Mayer in der Bibliothek des ZI« von Februar bis Juli 2016.

Seit Dezember 2014 wird am ZI voraussichtlich bis Dezember 2017 (mit Unterbrechungen) das langfristige Projekt »Führerbau-Diebstahl. Rekonstruktion des Bestandes im sogenannten Führerbau in München – Recherchen zum Verbleib der verschwundenen Objekte« durchgeführt.

. . . .

MICHAELA SCHEIBE

Das Projekt »Transparenz schaffen« der Staatsbibliothek zu Berlin trägt Früchte

Die Rückkehr von 384 Büchern in die Potsdamer Johannis-Loge »Teutonia zur Weisheit«

Dank der Förderung des Deutschen Zentrums Kulturgutverluste beziehungsweise der ehemaligen Arbeitsstelle für Provenienzforschung konnte die Staatsbibliothek zu Berlin – Preußischer Kulturbesitz seit 2010 circa 11 000 besonders verdächtige Zugänge aus der NS-Zeit in ihren Sammlungen überprüfen. Mit der Restitution der dabei identifizierten Bücher aus der Bibliothek der Johannis-Loge »Teutonia zur Weisheit« kehrten am 23. Juni 2016 fast 400 Bände an ihren ursprünglichen Aufbewahrungsort zurück (Abb. 1).[1]

Die Potsdamer Johannis-Loge »Teutonia zur Weisheit« wurde am 30. November 1809 als Tochterloge der Großen National-Mutterloge »Zu den drei Weltkugeln« gegründet. Das erste eigene Logenhaus bezog man 1817. Im Jahr 1879 erfolgte die Grundsteinlegung des Logenhauses in der Kurfürstenstraße 52, das beide Weltkriege überstand und sich heute wieder im Besitz der Loge befindet.

Nach einer ersten anti-maurerischen Ausschreitungswelle im Sommer 1933 und einer zweiten Anfang 1934 beschloss die Loge »Teutonia zur Weisheit« in Potsdam am 8. Februar 1934 ihre Selbstauflösung. Nur noch ein Viertel der Mitglieder erschien zu dieser Versammlung. Am 16. Juni 1935 fiel auch in der Großen National-Mutterloge »Zu den drei Weltkugeln« zum 15. Juli des gleichen Jahres die Entscheidung, gemäß den Anweisungen des Reichsinnenministeriums das Liquidationsverfahren einzuleiten. Etwa einen Monat später, am 17. August 1935, verfügte Reichsinnenminister Wilhelm Frick die zwangsweise Auflösung aller Logen und die Einziehung des Vermögens zugunsten des Staates.

Immerhin aber konnte man einem NS-bedingten Entzug des Logenhauses in der Kurfürstenstraße durch eine am 6. Juli 1934 vertraglich fixierte Schenkung an die Stadt Potsdam entgehen. Die Loge ließ sich dabei zusichern, dass die Nutzung nur zu stadteigenen kulturellen Zwecken erfolgen und darüber hinaus die Zugänglichkeit der Räume für die ehemaligen Logenmitglieder, insbesondere zu den traditionellen Zeiten der Konvente, gewährleistet bleiben sollte. Diese zuletzt genannte Vereinbarung wurde allerdings auf Druck des Reichsinnenministeriums am 1. Juli 1935 aus dem Vertrag entfernt, da die Loge auf diese Weise faktisch weiter bestanden hätte.[2] Von Januar 1935 bis Januar 1937 war das ehemalige Logenhaus (umgewidmet zum »Städtischen Kulturhaus«) Sitz der kulturhistorischen Abteilung der Potsdamer Museumssammlungen, weshalb sich dort auch ein Großteil der Bestände sowie die Büroräume einzelner Mitarbeiter befanden. Seit dem 3. Juli 1991 existiert die Loge »Teutonia zur Weisheit« nun wieder in Potsdam; auch das alte Logengebäude konnte nach Renovierungsmaßnahmen erneut bezogen werden.

Die Bibliothek der Potsdamer Loge »Teutonia zur Weisheit« zählte vor ihrer Auflösung zu den besonders umfangreichen und gut organisierten Logenbibliotheken. Einen ersten bedeutenden Zuwachs erhielt sie am 27. April 1854, als sich die Potsdamer Johannis-Loge »Zur Standhaftigkeit« beziehungsweise lateinisch »Constantia«

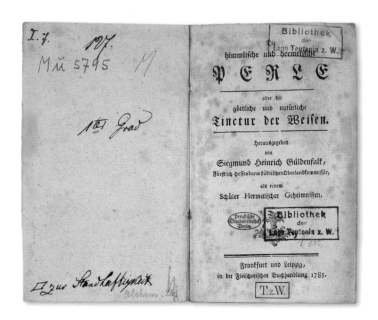

auflöste, und ihren Buchbestand der »Teutonia« überließ (Abb. 2).
Mit der Einweihung des neuen Logenhauses im Jahr 1881 erhielt die
Bibliothek einen festen jährlichen Etat von 300 Mark, der 1912 auf
600 Mark erhöht wurde. Erste eigene Bücherverzeichnisse erschie-
nen bereits 1839 und 1851; eine Bibliotheksordnung erließ man
1883. In den Jahren 1910–1911 ordnete Fritz Fischer den Bestand
grundlegend neu; 1913 umfasste die Bibliothek 2 285 Werke, geglie-
dert in 1 127 maurerische und 1 158 nicht-maurerische Titel.[3]

»Im Auftrage der Liquidatoren« bot Fritz Fischer, Ministerial-
amtmann i. R., am 2. Januar 1935 die von ihm betreute Logenbibliothek der Preußischen Staatsbibliothek in Berlin zum Geschenk an.
Diese erklärte sich zur Übernahme »der Freimaurer-Bibliothek der
Loge nebst der zugehörigen Kartothek« bereit, da die Mehrzahl der
Titel im eigenen Bestand bislang nicht vorhanden war. Die Bände
sollten in das Sachgebiet »Freimaurerei« eingestellt werden, »so daß
die Werke mit dem bisherigen Besitz der Staatsbibliothek an frei-
maurerischer Literatur ein einheitliches, in sich geordnetes Ganzes
bilden« konnten. Eine gesonderte Aufstellung, wie es von der Loge
gewünscht wurde, lehnte die Staatsbibliothek jedoch ab und kün-
digte zudem die Abgabe von Dubletten an.[4]

Dennoch stimmten die von der Loge beauftragten Liquidatoren, Heinrich Rennau und Paul Ostmann, Ende Januar 1935 der Übereignung an die Preußische Staatsbibliothek zu. Diese wiederum akzeptierte, dass zuvor einige ehemalige Logenmitglieder Andenken aus der Bibliothek erhielten. Als Ersatz dafür legte man nicht zur Bibliothek gehörige freimaurerische Schriften wie Ritualbücher und Instruktionen bei. Am 26. Februar 1935 wurde die Logenbibliothek schließlich in die Preußische Staatsbibliothek gebracht. Laut Spedition handelte es sich um circa 25 laufende Meter, die in in 15 bis 18 Kisten verpackt waren.

Detaillierte Auskunft über die weitere Behandlung dieses umfangreichen Bestandes durch die Preußische Staatsbibliothek gibt eine Aktennotiz Heinrich Feldkamps, Leiter der Kauf-, Pflichtexemplar- und Dublettenstelle, vom 17. Februar 1937: »Die Bibliothek der ehemaligen Freimaurerloge ›Teutonia zur Weisheit‹, Potsdam ist im Anfange des Jahres 1936 von der Accession bearbeitet worden. Eingestellt sind diejenigen Werke, die nicht vorhanden waren und außerdem wichtige und kostbare Werke als zweite Exemplare. Inventarisiert worden sind die Bücher und Zeitschriften in den einzelnen Dienststellen, d.h. die Zeitschriften in der Zeitschriftenstelle, die Pflichtexemplare in der Pflichtexemplarstelle, die übrigen Einzelwerke in der Kaufaccession. Einige Werke sind außerdem in die Musikabteilung gegeben worden. Einige vorhandene Handschriften sind zwar in der Kaufaccession in den Schlussnummern accessioniert worden, werden aber der Handschriften-Abteilung zugeführt werden. Die Dubletten stehen zur Zeit noch im Korridor des 6. Geschosses, werden aber demnächst der Dublettenstelle zugeführt werden.« Eine spätere handschriftliche Randnotiz Feldkamps vom 29. April 1938 auf diesem Dokument gibt zudem Aufschluss über das Schicksal der Dubletten: »Die Dubletten der ehemal[igen] Freimaurerloge zu Potsdam sind auf Anweisung d. Generalverwaltung an die Nationalbibliothek Wien abgetreten worden. Sie wurden der Reichstauschstelle z. Weiterleitung übermittelt«[5] (Abb. 3).

Der nicht-maurerische Teil der Logenbibliothek, den die Preußische Staatsbibliothek nicht übernahm, wurde am 25. April 1935 »dem Verein für die Geschichte Potsdams als Geschenk übereignet«.[6] In der Nacht vom 14. zum 15. April 1945 vernichtete ein Bombenangriff auf die historische Altstadt Potsdams die Bücherei des Potsdamer Geschichtsvereins, und damit wohl auch diesen Teil der Logenbibliothek.

Die Suche nach den Büchern der Johannis-Loge »Teutonia zur Weisheit« im Bestand der Staatsbibliothek zu Berlin begann mit der

3
Aktennotiz von
Heinrich Feldkamp
zur Bearbeitung der
Logenbibliothek in
der Preußischen
Staatsbibliothek vom
17. Februar 1937

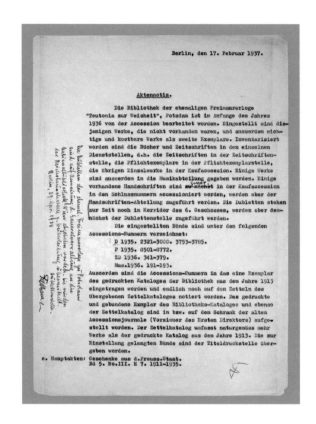

Überprüfung der Zugangsbücher der Preußischen Staatsbibliothek für das Jahr 1935, die zahlreiche Werke ausweisen, die mit dem Lieferantenvermerk »Loge Teutonia zur Weisheit Potsdam« versehen sind. Im Rahmen des inzwischen abgeschlossenen Forschungsprojekts »Transparenz schaffen: Recherche, Erschließung und überregionaler Nachweis von NS-Raubgut im Druckschriftenbestand der Staatsbibliothek zu Berlin« konnten in den Geschenk- und Pflichtzugängen 989 Titel ermittelt und geprüft werden. Auch bei den Bänden ohne Besitzstempel der Loge – vermutlich die als Kompensation gelieferten Ritualbücher und Instruktionen – war über die Zugangsnummern der Vorbesitzer eindeutig nachweisbar (Abb. 4). Durch die oben zitierte detaillierte Aktennotiz von Heinrich Feldkamp bestand die Möglichkeit, auch bisher eher als unverdächtig eingestufte Zugänge gezielt in die Recherchen einzubeziehen. Dies war zum Beispiel bei Pflichtlieferungen der Fall. Hier handelt es sich insbesondere

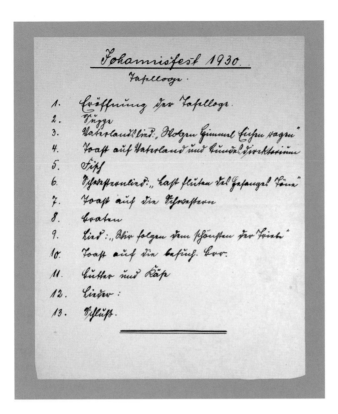

um die von verschiedenen preußischen Logen im Selbstverlag gedruckten und damit dem Pflichtexemplarrecht der Staatsbibliothek unterliegenden Werke. Die Recherche zu 30 Zugängen der Handschriften- und der Musikabteilung führte – auch aufgrund sehr allgemein formulierter Titel wie »9 Photographien« – allerdings nur in einem Fall zum Erfolg.

Durch die Aktennotiz Feldkamps sind auch die für die übernommenen Zeitschriftenbände vergebenen Zugangsnummern bekannt, obwohl die gesondert geführten Zeitschriften-Zugangsbücher der Staatsbibliothek für diesen Zeitraum nicht erhalten sind. Allerdings fehlen in diesen Fällen Angaben zu den Zeitschriftentiteln, so dass eine gezielte Recherche nach den zu den Zugangsnummern gehörenden Büchern nicht möglich war. Um dennoch die Zeitschriftenbände identifizieren zu können, wurde der sachlich einschlägige Magazinbestand mit rund 2 600 Bänden autoptisch auf enthaltenes Raubgut

geprüft. Bei 80 Zeitschriftenbänden war – aufgrund der Provenienz-merkmale und die in den Bänden vermerkte Zugangsnummer – eine Zuordnung zur Logenbibliothek eindeutig möglich (Abb. 5).

Bei den nun restituierten 384 Büchern handelt es sich um den Teil der Logenbibliothek, der sich bis zum Mauerfall in der Deut-schen Staatsbibliothek und damit im Ostteil Berlins befand. Be-reits 1965 übergab die Nachfolgeeinrichtung der Preußischen Staatsbibliothek im Westen Deutschlands, die Staatsbibliothek der Stiftung Preußischer Kulturbesitz, rund 640 Bücher, die überwie-gend aus der Tochter-Loge »Teutonia zur Weisheit« stammten, an die Große National-Mutterloge »Zu den Drei Weltkugeln«. Die Potsdamer Loge konnte unter dem DDR-Regime als Freimaurerloge nicht wieder begründet werden und existierte somit nicht zu die-sem Zeitpunkt.

Möglicherweise kann dennoch in Zukunft die gesamte ehemalige Logenbibliothek – zumindest der an die Preußische Staatsbibliothek gelangte maurerische Teil – wieder in dem Potsdamer Logenhaus zusammengeführt werden: Derzeit verhandelt die Loge »Teutonia zur Weisheit« mit der Großen National-Mutterloge über eine Rückführung der 1965 übergebenen Bücher nach Potsdam. Die weitgehende Erhaltung des maurerischen Bibliotheksbestandes ist der frühzeitigen Reaktion der Potsdamer Loge und ihrer geschickten Strategie zu verdanken. Wurden Logenbibliotheken vom NS-Regime beschlagnahmt und über das Reichssicherheitshauptamt und andere NS-Institutionen weiterverteilt, konnten bislang immer nur wenige Exemplare einer Provenienz identifiziert werden. Dennoch ist auch bei der Potsdamer Loge noch mit »Streubestand« zu rechnen: Ein Band wurde beispielsweise aus dem Bestand des Potsdam Museums – Forum für Kunst und Geschichte am 22. April 2015 restituiert;[7] die Rückgabe eines weiteren Stückes aus der Österreichischen Nationalbibliothek in Wien wird derzeit vorbereitet.

1 Literaturnachweise und weitere Informationen unter: http://provenienz.gbv.de/Johannis-Loge_Teutonia_zur_Weisheit_(Potsdam),_Bibliothek (16.1.2017).

2 Die Akten über die Verhandlungen zwischen Loge und Stadt sind im Stadtarchiv Potsdam erhalten: StAP 1–9/415, StAP 1–12/247 und StAP 1–12/284. Für die Hinweise zu den Quellen in Potsdam danke ich Mathias Deinert.

3 Zahlen aufgrund des Verzeichnisses von Fritz Fischer: Verzeichnis der Büchersammlung der ger. u. vollk. St.-Johannis-Loge Teutonia zur Weisheit i. O. Potsdam, systematisch zusammengestellt nach dem Bestand vom 1. Januar 1913, Potsdam 1913.

4 Staatsbibliothek zu Berlin – Preußischer Kulturbesitz, Historische Akten, III E.7, Bd. 5, S. 373–385. Dazu Cornelia Briel: Beschlagnahmt, erpresst, erbeutet. NS-Raubgut, Reichstauschstelle und Preußische Staatsbibliothek zwischen 1933 und 1945, Berlin 2013, S. 233–235; Michaela Scheibe: Vernichtung durch Verteilung: Zum Schicksal geraubter Büchersammlungen, in: Klaus G. Saur, Martin Hollender (Hg.): Selbstbehauptung – Anpassung – Gleichschaltung – Verstrickung. Die Preußische Staatsbibliothek und das deutsche Bibliothekswesen 1933–1945, Frankfurt a. M. 2014, S. 219–235, hier S. 221–226.

5 Staatsbibliothek zu Berlin – Preußischer Kulturbesitz, Akzessionsjournale der Preußischen Staatsbibliothek, Sonderjournal Freimaurer (Frm) 1938, o. Bl.

6 Hausarchiv des Potsdam-Museums, HAPM Mu 7, Bl. 70.

7 Mathias Deinert: Teutonia zur Weisheit. Der Humanität verpflichtet – und ihrer 200jährigen Potsdamer Tradition, in: PotsdamLife 11 (2015), Nr. 4, S. 62–64.

....

Michaela Scheibe ist stellvertretende Leiterin der Abteilung Historische Drucke der Staatsbibliothek zu Berlin und Vorsitzende der DBV-Kommission Provenienzforschung und Provenienzerschließung.

....

Förderung des langfristigen Projekts »Transparenz schaffen: Recherche, Erschließung und überregionaler Nachweis von NS-Raubgut im Druckschriftenbestand der Staatsbibliothek zu Berlin« von April 2010 bis Juni 2014.

Förderung des langfristigen Projekts »NS-Raubgut nach 1945: Die Rolle der Zentralstelle für wissenschaftliche Altbestände (ZwA)« von August 2014 bis Februar 2017.

....

Externe Projekte

ANDREA BAMBI

Überweisungen aus Staatsbesitz

Genese und Status eines Projekts zur Provenienzforschung und Sammlungsgeschichte an den Bayerischen Staatsgemäldesammlungen in München

Die Verteilung des unmittelbar nach der Kapitulation gesperrten NS-Vermögens an Immobilien, Bankkonten, Wertgegenständen und nicht zuletzt Kunstbesitz war eine Hauptaufgabe der Alliierten in allen vier Besatzungszonen. Aufgrund der Bestimmungen der Kontrollratsdirektiven Nr. 50 und 57, nach denen der Kunstbesitz von Funktionären und Organisationen der NSDAP in das Eigentum des Bundeslandes überging, in dem er sich am 8. Mai 1945 befunden hatte, gelangte der Freistaat Bayern, wo sich zahlreiche Amtssitze wie auch Privatwohnsitze und Bergungsdepots befanden, an einen erheblichen Kunstbestand. In der Folge überwies der Freistaat Bayern rund 900 Gemälde und Skulpturen aus dem ehemaligen Besitz der NS-Führungselite und deren Parteiorganisationen an die Bayerischen Staatsgemäldesammlungen.[1] Weitere Kunstgegenstände gingen unter anderem an das Bayerische Nationalmuseum, die Staatliche Graphische Sammlung, das Armeemuseum, das Jagd- und Fischereimuseum und die Staatliche Verwaltung der Bayerischen Schlösser und Seen.[2]

Fritz Freudling, Ministerialdirigent im Bayerischen Finanzministerium, prägte 1961 den bewusst unscharfen Begriff der »Überweisungen aus Staatsbesitz« und bezeichnete damit die in den 1950er bis 1960er Jahren, vereinzelt auch in den 1970er und 1980er Jahren, an die Bayerischen Staatsgemäldesammlungen überwiesenen und inventarisierten Kunstwerke. Als Teil des Bayerischen Grundstockvermögens sind diese seitdem als Dauerleihgaben in staatlichen Einrichtungen oder in den Galerien und Depots der Bayerischen Staatsgemäldesammlungen ausgestellt oder verwahrt.

Grundsätzlich lassen sich die Gemälde und Skulpturen in zwei Kategorien unterteilen: Zum einen handelt es sich um Ankäufe zeit-

1
Fritz Halberg-Krauss ·
Autobahn, o. D. · nach
1933 · 47,5 × 61 cm ·
Bayerische Staatsge-
mäldesammlungen,
Inv.-Nr. 11956

genössischer Kunst aus den regimekonformen Kunstausstellungen
des »Dritten Reiches« oder aus den Ateliers der Künstler selbst (Abb. 1),
zum anderen handelt es sich um Kunstwerke des 16. bis 19. Jahrhunderts. Während für die erste Gruppe kein verfolgungsbedingter
Entzug anzunehmen ist, weist die zweite Gruppe Lücken in der Provenienz auf und zählt bereits aufgrund ihrer Herkunft aus NS-Besitz
zu den problematischen Sammlungskomplexen der Bayerischen
Staatsgemäldesammlungen. Als problematisch werden sie aus heutiger Sicht deshalb bezeichnet, weil sie aus den Sammlungen von
Adolf Hitler, Hermann Göring, Eva Braun (Abb. 2), Max Amann,
Heinrich Hoffmann, Martin Bormann und anderen stammen, die
aktiv am Kunstraub der NS-Zeit beteiligt waren. Darüber hinaus gelangte Kunstbesitz aus Einrichtungen wie beispielsweise dem Partei-
forum, der Parteikanzlei, dem Platterhof am Obersalzberg und somit
aus dem Parteivermögen der NSDAP in den Bestand.

Wie ein langer Schatten begleitet diese Vermögensübertragung
die Sammlungsgeschichte der Pinakotheken. Generationen von Generaldirektoren der Staatsgemäldesammlungen setzten sich seit
1945 mit dem Bestand aus diversen Perspektiven auseinander und
wurden dabei von der öffentlichen Meinung begleitet. Eberhard
Hanfstaengl, erster und von den Alliierten eingesetzter Generaldirektor von 1945 bis 1953, verwaltete als gleichzeitiger Leiter des
Central Collecting Point denselben nach dem Abzug der Amerikaner.

2
Fritz Bamberger ·
Gebirgslandschaft an
der spanischen Küste ·
1859 · Öl auf Leinwand ·
81 × 126 cm · Bayerische
Staatsgemäldesamm-
lungen, Inv.-Nr. 12016

In seine Amtszeit fallen die Grundsatzentscheidungen der Alliierten zum Verbleib der Objekte in Bayern. Ernst Buchner, 1945 von den Amerikanern des Amtes enthoben, übergab man in dessen zweiter Amtsperiode (1953–1957) die Werke und veranlasste deren Inventarisierung und museale Unterbringung. Dessen Nachfolger, ab 1957 Kurt Martin und ab 1964 Halldor Soehner, beschäftigten sich mit der Verteilung der Stücke auf die Pinakotheken und Filial- und Staatsgalerien. In der Amtsperiode Soehners wurde mit ministerieller Genehmigung ein Teil der Kunstwerke veräußert (1966/67), um Mittel für Neuerwerbungen zu gewinnen. Eine Recherche seitens der Bayerischen Staatsgemäldesammlungen zur Herkunft der Objekte erfolgte in diesen Jahrzehnten nicht, möglicherweise weil man darauf vertraute, dass nach alliierter Gesetzgebung nur das übertragen worden war, was nach damaliger Überprüfung und Einschätzung nicht restitutionsbehaftet war.[3]

Ende der 1980er Jahre kehrte die Debatte um Restitution und Wiedergutmachung in die Öffentlichkeit zurück, und damit auch die Suche nach der Herkunft der Kunstwerke aus NS-Besitz. Mit der sogenannten Washingtoner Erklärung von 1998 wurde die erneute Überprüfung des Kunstbesitzes in öffentlicher Hand eingefordert und zugesichert. Nach dem persönlichen Bericht der stellvertretenden Generaldirektorin Carla Schulz-Hoffmann über die Konferenz entschloss sich der damalige Generaldirektor Reinhold Baumstark, die Kunsthistorikerin Ilse von zur Mühlen mit einen Provenienzbericht zur Sammlung Göring zu beauftragen und legte

3
Narcisse Virgilio Díaz de la Peña · Die verletzte Eurydike · 1862 · Öl auf Leinwand · 42,5 × 34,5 cm · ehemals Bayerische Staatsgemäldesammlungen, Inv.-Nr. 13336 · 2013 restituiert an die Erbengemeinschaft nach Herrn George Eduard Behrens

damit einen Grundstein für die Provenienzforschung an den Pinakotheken. Die Ergebnisse wurden 2004 publiziert und 2006 in der Lost Art-Datenbank zugänglich gemacht. Dank dieser Eintragungen konnten drei Werke restituiert werden (Abb. 3).[4] Für ein weiteres Werk laufen aktuell Gespräche mit den Antragstellern.

Mit Unterstützung der nachfolgenden Generaldirektoren und des bayerischen Kultusministeriums konnte 2012 mit der Überprüfung der weiteren 748 Werke begonnen werden.[5] Mit Stand Dezember 2016 sind insgesamt 422 der rund 900 Überweisungen aus Staatsbesitz bearbeitet. 257 dieser Stücke sind von 2007 bis heute wegen Raubkunstverdacht bei Lost Art gemeldet worden. 140 Kunstwerke konnten als unbedenklich, also nicht verfolgungsbedingt entzogen, eingestuft werden.[6] Ein Zeithistoriker und eine Historikerin mit 1,5 Stellen insgesamt sind mit der Aufarbeitung des Komplexes befasst. Bis Ende 2020 sollen alle Objekte so erfasst sein, dass nach erfolgter Provenienzprüfung entsprechende Meldungen an die Lost Art-Datenbank erfolgt sind und je nach Erkenntnisstand erschöpfende Restitutionsbemühungen unternommen wurden.

Daneben ist die Kontextrecherche, die die Vorgänge aus zeithistorischer Perspektive rekonstruiert und analysiert, wesentliche Aufgabe des Projekts. Eine Studie untersucht die Handlungsspielräume der Verantwortlichen (Museum, Ministerium, Politik) und wie sie diese nutzten. Dabei wird sie insbesondere klären, welche Rolle mögliche Loyalitäten der nachkriegsdeutschen Entscheidungsträger zu Protagonisten des NS-Regimes spielten. Im Jahr 2018 soll eine

Publikation von Johannes Gramlich erscheinen, die diese sammlungsgeschichtlich wie historisch bedeutende Vermögensübertragung transparent und unter Berücksichtigung aller verfügbaren Quellen der Öffentlichkeit vorstellt. Sämtliche übertragenen Werke inklusive der Veräußerungen werden dort aufgelistet.

Bislang ist der Umgang mit Vermögenswerten und insbesondere Kunstgegenständen aus NS-Besitz durch die neu gegründete Bundesrepublik ein zeithistorisches Desiderat und erst in einem Hamburger Projekt thematisiert.[7] Die Bayerischen Staatsgemäldesammlungen sind sich ihrer eigenen Verantwortung im Umgang mit diesen Werken und den dazu vorhandenen Archivalien bewusst und setzen alle verfügbaren Ressourcen ein, um diese Lücke zu schließen.

1 Die Bundesrepublik Deutschland hingegen übernahm 20000 Kunstgegenstände, die Eigentum des Deutschen Reiches waren und weder der Rückerstattung noch der Einziehung als Parteivermögen unterlagen; vgl. Harald König: 12 Jahre Provenienzrecherche zu den bundeseigenen Kunstwerken aus früherem Reichsbesitz – eine Zwischenbilanz, zit. nach www.badv.bund.de/DE/OffeneVermoegensfragen/Provenienzrecherche/Aufsaetze/ZwoelfJahre/start.html (17.11.2016). Für die Provenienzrecherche zu 2300 Kunstwerken waren von 2000 bis 2013 dauerhaft drei Mitarbeiter des Bundesamtes für zentrale Dienste und offene Vermögensfragen in Vollzeit tätig, unterstützt von einem Dutzend externer Wissenschaftlerinnen.
2 Ilse von zur Mühlen forscht für das Bayerische Nationalmuseum zu den Überweisungen aus der Sammlung Göring; vgl. www.bayerisches-nationalmuseum.de/index.php?id=547&laufnr=goering (22.11.2016).
3 Von 1952 bis 1962 war die Treuhandverwaltung von Kulturgut München mit eben dieser Aufgabe in Bezug auf die sog. äußere Restitution (ins Ausland) befasst. Außerdem war das 1957 gegründete Verwaltungsamt für innere Restitutionen bei den Oberfinanzdirektionen München und Hannover damit betraut. Diese wurden 2006 vom Bundesamt für offene Vermögensfragen übernommen.
4 Ilse von zur Mühlen: Die Kunstsammlung Hermann Görings. Ein Provenienzbericht der Bayerischen Staatsgemäldesammlungen, München 2004.
5 Andrea Bambi: Provenienzforschung an den Bayerischen Staatsgemäldesammlungen. Eine Zwischenbilanz, in: Koordinierungsstelle Magdeburg (Hg.): Die Verantwortung dauert an. Beiträge deutscher Institutionen zum Umgang mit NS-verfolgungsbedingtem Kulturgut, Magdeburg 2010 (Veröffentlichungen der Koordinierungsstelle Magdeburg 8), S. 259–275. Hier wird der Bestand erläutert und das Forschungsdesiderat bezeichnet. Seit 2012 ist Anja Zechel Mitarbeiterin am Projekt, von 2013 bis 2015 war Florian Wimmer (†) dafür tätig, und seit 2016 bearbeitet Johannes Gramlich den Komplex.
6 Vgl. Alfred Grimm (Hg.): Forschungsverbund Provenienzforschung Bayern. Tätigkeitsbericht 2015/2016, Passau 2016, hier Projekte, Überweisungen aus Staatsbesitz, S. 20 f.
7 Forschungsprojekt von Marc-Simon Lengowski, Forschungsstelle für Zeitgeschichte in Hamburg: Systemwechsel und Vermögenstransfer vom »Dritten Reich« zur Bundesrepublik am Beispiel Hamburgs – die Beschlagnahmung, Rücknahme, Abwicklung und Übertragung des ehemaligen NS- und Reichsvermögens 1945–1970.

....

Dr. Andrea Bambi, Kunsthistorikerin, leitet das Referat Provenienzforschung bei den Bayerischen Staatsgemäldesammlungen.

....

CHRISTIAN HUEMER

German Sales 1901 – 1945: Kunst – Auktionen – Provenienzen

Auktionskataloge sind unverzichtbare Quellendokumente für die Provenienzforschung (Abb. 1). Ihre Bedeutung für Kunstliebhaber und -händler wurde früh erkannt. Man sammelte sie, katalogisierte sie und versuchte, die darin enthaltenen Informationen über Werkcharakteristika, Besitzerwechsel und Marktwerte systematisch aufzuarbeiten. So publizierte Gerard Hoet mit seinem »Catalogus of Naamlyst van Schilderyen« bereits 1752 ein Verzeichnis von Gemälden (mit Preisen) basierend auf alten niederländischen Verkaufskatalogen. Knapp 200 Jahre später folgte Frits Lugt mit seinem vierbändigen Monumentalwerk »Répertoire des catalogues de ventes publiques«. Seit den 1980er Jahren schließlich ist der J. Paul Getty Trust dabei, forschungsrelevante Informationen aus verstreuten Quellendokumenten zentral zugänglich zu machen. Gegenwärtig enthält der Getty Provenance Index® mehr als eine Million Datensätze zu Transaktionen, die in historischen Auktionskatalogen dokumentiert sind. Trotz dieser langjährigen internationalen Anstrengungen bleiben Abdeckungsgrad und Tiefenerschließung bis heute mangelhaft und von Land zu Land beziehungsweise von Epoche zu Epoche unterschiedlich komplett.

Für den deutschsprachigen Raum konnten in den 1990er Jahren die versteigerten Gemälde vor 1800 aufgearbeitet und in drei Bänden publiziert werden.[1] Heute ist diese Information online über die Provenance Index Datenbanken abrufbar. Eine substanzielle Erweiterung des Datenpools erfolgte dann zwischen 2010 und 2013 durch das Projekt »German Sales 1930 – 1945: Art Works, Art Markets, and Cultural Policy«. Ein bilaterales Forschungsförderungsprogramm von Deutscher Forschungsgemeinschaft (DFG) und National Endowment for the Humanities ermöglichte eine

1
Katalog ausgewählter
Kunstsachen aus dem
Nachlasse Sr. Durch-
laucht des Prinzen
A. zu Solms-Braunfels
sowie kleinerer Bei-
träge aus Privatbesitz,
J. M. Heberle (H. Lem-
pertz Söhne), Köln,
12.–14. März 1902,
o. S.

transatlantische Kooperation zwischen der Kunstbibliothek der Staatlichen Museen zu Berlin, der Universitätsbibliothek Heidelberg und dem Getty Research Institute, die es sich zum Ziel gemacht hatte, alle noch erhaltenen deutschsprachigen Auktionskataloge dieser kritischen Epoche zu erschließen, zu digitalisieren und in den Provenance Index einzuspeisen. Dafür wurde eine innovative, kollaborative und modulare Arbeitsweise entwickelt, die auch im Nachfolgeprojekt »German Sales 1901–1929« zur Anwendung kommt. Während die deutschen Partner die Finanzierung für das Folgeprojekt wiederum durch die DFG sichern konnten, entschied sich der J. Paul Getty Trust 2015, mit eigenen Mitteln die aufgebaute Infrastruktur und die internationalen Netzwerke erneut zu nutzen. Nach Abschluss des zweiten Teils im September 2017 (Berlin/Heidelberg) beziehungsweise Juli 2018 (Los Angeles) wird eine umfassende und kostenfrei zugängliche Quellenbasis von mehr als 9 000 digitalisierten Katalogen mit rund 750 000 Datensätzen für die Erforschung des deutschen Kunstmarktes in der Moderne und für die Provenienzforschung zur Verfügung stehen.

Die Ergebnisse der beiden Teilprojekte sind über den DFG-geförderten Fachinformationsdienst arthistoricum.net (»German Sales 1901–1945«, Abb. 2) zentral zugänglich. Die Kunstbibliothek Berlin übernahm im Rahmen dieser Zusammenarbeit die biblio-

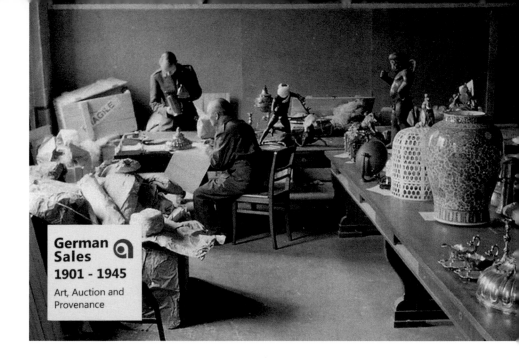

German
Sales
1901 - 1945
Art, Auction and
Provenance

grafische Erfassung aller für den Zeitraum in diversen Bibliotheken
noch erhaltenen Kataloge, welche auch die Grundlage für die Digitalisierung in Heidelberg darstellt. Bislang wurden die Bestände
von fast 40 Bibliotheken in Deutschland, Österreich und der
Schweiz aufgenommen. Im Gegensatz zu den großen amerikanischen Bibliotheken, welche die Metadaten ihrer Bestände in den
spezialisierten, aber kostenpflichtigen Verbundkatalog SCIPIO ein-
speisen, sind in Deutschland Auktionskataloge oft nicht individuell
erfasst. Bibliothekare wissen mitunter nur, wieviele Laufmeter sie
davon im Keller haben, nicht jedoch, welche Kataloge und ob diese
in irgendeiner Form handschriftlich annotiert sind. Die von der
Kunstbibliothek erstellte Bibliografie, die derartige Zusatzinforma-
tion inkludiert, wird auch im Fortsetzungsprojekt »German Sales
1901–1929« wieder den ersten umfassenden Überblick zum Auk-
tionswesen der Epoche liefern können. In leicht modifizierter Form
(und angereichert um amerikanische Standorte) soll diese in Berlin
als PDF-Datei publizierte Bibliografie am Ende auch in der sogenannten Sale Descriptions Datenbank des Getty Provenance Index®
recherchierbar sein.

Das Online-Repositorium der Universitätsbibliothek Heidelberg
stellt wenige Monate vor dem offiziellen Abschluss des Fortset-
zungsprojekts für den Gesamtzeitraum 1901–1945 fast 8 000 digi-

2
Postkarte ·
German Sales
1901–1945

3
Mary Cassatt ·
Die Loge · 1882 ·
Öl auf Leinwand ·
79,8 × 63,8 cm ·
Washington,
National Gallery
of Art (Chester
Dale Collection),
Inv.-Nr. 1963.10.96

talisierte Auktionskataloge zur Verfügung. Die Scans von mehr als
einer halben Million Seiten wurden auf der Grundlage eines lang-
jährig erprobten Workflows mit optischer Zeichenerkennung (OCR)
in durchsuchbare Volltexte umgewandelt. Das Ergebnis ist eine an-
sprechende und zitierfähige Webpräsentation jedes einzelnen Digi-
talisats, das auf der Basis zusätzlich erstellter Strukturdaten bequem
navigiert werden kann. Sämtliche Bände sind als PDF-Dateien zum
Download bereitgestellt, die Freitextsuche funktioniert über die
Einzelexemplare hinweg. Dies ist eine enorme Erleichterung für die
Forschung. Einschränkend muss allerdings gesagt werden, dass die
automatisierte Texterkennung nach wie vor Fehler macht, weshalb
ein von der Software nicht korrekt wiedergegebenes Wort bei der
Suchanfrage keine Treffer erzielt.

Für den Getty Provenance Index® wurden die Heidelberger Volltexte mithilfe automatischer Syntaxanalyse in spezifische Daten-
felder für Künstlernamen, Werktitel, Maße, Material etc. eingelesen
und anschließend manuell editiert. Um präzisere Suchergebnisse
zu gewährleisten, wurde zudem jeder Künstlername aus dem Auk-
tionskatalog mit einer Normdatei verknüpft, jeder Werktitel in all-

gemeine Themen- und Genrekategorien eingeordnet. Die Datensätze im Provenance Index sind oft mit Zusatzinformationen wie Schätz-, Ausruf- und Verkaufspreisen versehen, die aus publizierten Quellen wie der »Internationalen Sammler-Zeitung« stammen. Einlieferer- und Käufernamen sollen sukzessive aus handschriftlichen Annotationen diverser Katalogexemplare sowie anderen wichtigen Archivmaterialen eingetragen werden. Besonders praktisch für den Nutzer ist, dass jeder Datensatz im Provenance Index permanent mit dem entsprechenden Digitalisat auf der Heidelberger Website verlinkt ist. Einschränkend ist hier wiederum zu vermerken, dass die sogenannte Sale Contents Datenbank aufgrund des enormen Redaktionsaufwandes bislang auf Gemälde, Zeichnung und Skulptur fokussiert ist. Wer sich beispielsweise für Kunsthandwerk, Bücher, Münzen oder Musikinstrumente interessiert, muss sich auf die Volltextsuche in Heidelberg verlassen.

Es bleibt zu hoffen, dass die neu geschaffene Quellenbasis erhellende Forschungsergebnisse generiert. Immerhin scheinen deutsche Städte wie Berlin, München oder Düsseldorf in ihrer Bedeutung als internationale Umschlagplätze für Kunst in der Moderne unterschätzt. In den 1920er Jahren kamen sogar Pariser Altmeistersammlungen wie jene von Joseph Spiridon in Berlin unter den Hammer; amerikanische Sammler und Händler waren bei derartigen Prestigeauktionen stets präsent, die Preise erreichten internationales Niveau. Im Zuge der editorischen Arbeit für den Provenance Index konnten bereits einige der Provenienzforschung noch unbekannte Transfers von Deutschland nach Amerika entdeckt werden. Dass etwa Mary Cassatts »Die Loge« (Abb. 3) am 15. Mai 1928 bei Paul Graupe in Berlin als Teil der »Sammlung S. M.« angeboten wurde, ist selbst dem heutigen Besitzer, der National Gallery of Art in Washington, bislang verborgen geblieben.[2] Die Konturen historischer Sammlungen werden für die Nachwelt oft erst im Augenblick ihrer Auflösung erkennbar.

---

1 Thomas Ketelsen, Tilmann von Stockhausen: Verzeichnis der verkauften Gemälde im deutschsprachigen Raum vor 1800, hg. von Burton B. Fredericksen, Julia I. Armstrong, The Provenance Index of the Getty Research Institute, München 2002.
2 Ich danke meiner Kollegin Claudia Einecke, Editorin von »German Sales 1901 – 1929«, für diesen Hinweis.

....

Dr. Christian Huemer, Getty Research Institute, Los Angeles, ist Leiter der Getty Provenance Index® Datenbanken.

....

Aktuelles

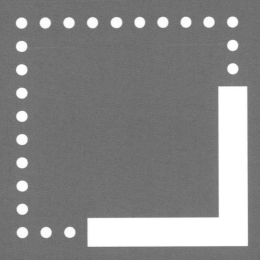

Spotlights

Förderangebote für Privatsammlungen

»Die rückhaltlose Aufarbeitung des nationalsozialistischen Kunstraubs« forderte Staatsministerin Monika Grütters Anfang November 2016 in »Politik und Kultur«, der Zeitung des Deutschen Kulturrates, und richtete damit ihren Appell auch an Privatpersonen. Sie zog die Konsequenz aus dem sogenannten Schwabinger Kunstfund, der die Debatte um Raubgut in Privatbesitz am Fall des Kunsthändlersohns Cornelius Gurlitts ausgelöst hatte.

Provenienzforschung ist demnach nicht mehr allein Aufgabe öffentlicher Einrichtungen. Das Deutsche Zentrum Kulturgutverluste hat nunmehr auch den Auftrag, privat getragene Einrichtungen und Privatpersonen bei der Überprüfung ihrer Objekte auf NS-Raubgut zu unterstützen. Doch wie können Private dazu ermutigt werden, ihre Sammlung für die Provenienzforschung zu öffnen und sich gleichzeitig dazu verpflichten, im Falle der Identifizierung von NS-Raubgut nach gerechten und fairen Lösungen im Sinne der »Washingtoner Prinzipien« zu suchen? Welche Angebote können wir den ursprünglichen Eigentümern oder deren Erben unterbreiten, die durch die NS-Herrschaft ihres Kulturguts beraubt wurden? Bereits jetzt ist absehbar, dass es sich bei den Privaten um eine sehr heterogene Gruppe handelt, deren Bandbreite vom Erben eines niederländischen Landschaftsgemäldes über die Rekonstruktion der durch die Nationalsozialisten zerschlagenen Sammlung des Urgroßvaters bis zur großen, professionell geführten Unternehmenssammlung reicht.

Dieser Heterogenität begegnen wir mit einem Förderangebot, bei dem die fachliche Beratung immer an erster Stelle steht. Nur durch Aufklärung und eine erste Überprüfung der in Frage kommenden Objekte kann entschieden werden, ob und in welcher Art und Weise ein Förderbedarf besteht. Dabei gilt es auch, die in der Öffentlichkeit herrschende Verunsicherung zu entkräften, dass die Identifizierung von NS-Raubgut zwangsläufig eine Rückgabe bedeutet. Vielmehr sollte stets eine Lösung angestrebt werden, die allen Beteiligten gerecht wird. Kann eine privat getragene Einrichtung oder eine Privatperson die Recherchen zur Provenienzforschung nicht aus eigenen Mitteln leisten, ist auch eine finanzielle Förderung durch das Zentrum möglich. Für die von Heimatvereinen getragenen Museen bietet sich der »Erstcheck« an, der sich bereits in kleinen öffentlichen Einrichtungen bewährt hat: Eine vom Zentrum finanziell geförderte personelle Unterstützung ermöglicht eine erste Sichtung der Bestände auf NS-verfolgungsbedingt entzogenes Kulturgut.

Dabei sind von NS-Raubgut nicht nur die Rembrandts oder Kirchners betroffen, sondern auch das Tafelsilber, der Biedermeier-Schrank oder die Familienbibliothek. Wie Jan Schleusener in seinem jüngst erschienenen Buch »Raub von Kulturgut. Der Zugriff des NS-Staates auf jüdischen Kunstbesitz in München und seine Nachkriegsgeschichte« dargelegt hat, beschränkte sich der Kulturgutentzug nicht allein auf kunsthistorisch bedeutende Meisterwerke einer wohlhabenden jüdischen Oberschicht. Vielmehr richtete der NS-Staat sein Interesse auch auf kunstgewerbliche Alltagsobjekte und persönliche Wertgegenstände der jüdischen Bürger wie Schmuck, Porzellan, Besteck und Möbel, die heute vielerorts in Heimatmuseen und privaten Händen zu vermuten sind.

DR. DAGMAR THESING,
DEUTSCHES ZENTRUM
KULTURGUTVERLUSTE, MAGDEBURG

....

Forschungsdatenbank im Aufbau

Zum Aufbau einer modular angelegten Forschungsdatenbank hat das Deutsche Zentrum Kulturgutverluste von November 2016 bis Februar 2017 mit externer wissenschaftlicher Unterstützung 160 Berichte von Projekten zur Provenienzforschung systematisch ausgewertet. Es handelt sich dabei um die Berichte abgeschlossener und mehrere Zwischenberichte noch laufender Projekte zur Recherche nach NS-Raubgut in deutschen Museen, Bibliotheken und Archiven, die das Zentrum – bis Ende 2014 die Arbeitsstelle für Provenienzforschung – seit 2008 fördert. Die ausgewerteten Ergebnisse werden momentan in recherchierbare Datensätze überführt und bilden die Basis für die erste Etappe einer Datenbank für Provenienzforschung.

Dieses erste Modul der Forschungsdatenbank möchte das Zentrum noch in diesem Jahr auf seiner Website präsentieren. Die wichtigen Resultate der Provenienzforschung nach NS-Raubgut und statistische Daten der geförderten Projekte werden somit dokumentiert und, soweit möglich, auch der Öffentlichkeit zugänglich gemacht. Registrierte Forscherinnen und Forscher mit nachgewiesenem wissenschaftlichen Interesse erhalten einen erweiterten Zugriff auf das Material.

Das Deutsche Zentrum Kulturgutverluste trägt damit seinem Anspruch Rechnung, Forschung nicht nur finanziell zu unterstützen, sondern die Ergebnisse der Provenienzforschung dauerhaft zur Verfügung zu stellen, ihre Nachnutzung zu verbessern sowie Grundlagenforschung zu ermöglichen.

Weiterhin ist geplant, die Forschungsdatenbank sukzessive zu einem effektiven Werkzeug für die künftige Provenienzforschung auszubauen. Die Einrichtungen, und hier insbesondere kleinere oder individuelle Projekte ohne eigene digitale Infrastruktur, werden die Datenbank zur Langzeitdokumentation ihrer Ergebnisse und zur digitalen Vernetzung nutzen können. Das Zentrum steht darum ständig in Kontakt mit Expertinnen und Experten der Netzwerke für Provenienzforschung in Deutschland aus den Bereichen Bibliothek, Kunstgeschichte und Geschichte sowie mit IT-Spezialisten. Mit diesem Kreis an Unterstützern werden einerseits der Bedarf und andererseits die Machbarkeit zukünftiger Etappen ausgelotet.

Weitere Module der Forschungsdatenbank sollen ein kooperatives Vorgehen und eine Bewertung der Quellen gestatten, um die Provenienzrecherche noch effizienter zu gestalten. Denn erst über den Austausch unter den Forschenden kann beispielsweise ein Händlernetzwerk ermittelt werden, oder es lassen sich Provenienzmerkmale in Büchern beziehungsweise auf Bilderrückseiten, die in verschiedenen Projekten auftauchen, entschlüsseln.

Zudem ist eine erweiterungsfähige Suchfunktion in Planung, die neben den Ergebnissen aus der Forschungsdatenbank und Informationen aus der Objektdatenbank Lost Art auch Hinweise auf bestimmte externe Datenbanken ausgibt. Dazu werden Kontakte mit nationalen und internationalen Einrichtungen ausgebaut und Kooperationen angestrebt, um die Bereitstellung und den Austausch von Daten zu realisieren.

DR. SUSANNE WEIN,
DEUTSCHES ZENTRUM
KULTURGUTVERLUSTE, MAGDEBURG

Gemeinsames Forschungsprojekt zur Rekonstruktion der Sammlung Mosse

Anton von Werner zählte als Maler zu den Favoriten Kaiser Wilhelms II. Kein Geringerer als er sollte es sein, der im Auftrag des erfolgreichen Zeitungsverlegers Rudolf Mosse ein gleichermaßen beeindruckendes wie großformatiges Gesellschaftsbild entwarf. Bestimmungsort für das Gemälde »Das Gastmahl der Familie Mosse« war zur Jahrhundertwende das von Ernst Eberhard von Ihne – Architekt des Kaiser-Friedrich-Museums, der Preußischen Staatsbibliothek Unter den Linden und weiterer repräsentativer Bauten der wilhelminischen Ära – errichtete Palais am Leipziger Platz in Berlin.

Hier zeigte Rudolf Mosse, der sich gemeinsam mit seiner Frau Emilie auch außerordentlich stark karitativ engagierte und als Mäzen der Wissenschaften und Künste überaus großzügig und verdienstvoll wirkte, den größten Teil seiner mehr als 3 000 Werke umfassenden Kunstsammlung. Die Sammlung war öffentlich zugänglich und blieb es auch nach dem Tod Rudolf Mosses 1920 und dem seiner Frau vier Jahre später.

Unmittelbar nach Beginn der nationalsozialistischen Herrschaft begannen die Repressalien gegen die Familie Mosse, die schließlich zur Enteignung führten. Felicia Lachmann-Mosse und ihr Ehemann Hans sahen sich gezwungen, Deutschland zu verlassen. Die Kunstsammlung ihres Vaters wurde 1934 versteigert, ohne dass sie an dem Erlös beteiligt wurde. Der Verbleib der meisten Stücke der Sammlung ist bis heute nicht bekannt.

Anders als andere bedeutende Berliner Sammler und Mäzene, deren Namen von den

Sowjetische Soldaten im Hof des Palais Mosse mit der Plastik »Liegender Löwe« von August Gaul · 1945

Nationalsozialisten in Vergessenheit gedrängt werden sollten – so James Simon, Eduard Arnhold oder Oscar Huldschinsky – und die als Persönlichkeiten ebenso wie ihre großartigen Kunstsammlungen insbesondere nach 1990 wieder in Erinnerung gerufen wurden, interessierte sich eine breitere Öffentlichkeit erst seit dem Sommer 2014 in stärkerem Maße für Rudolf Mosse als Kunstsammler und richtete fortan die Aufmerksamkeit auf die Geschichte seiner Sammlung.

Das Mosse Art Restitution Project, 2012 von Roger Strauch, dem Präsidenten der Mosse Foundation, initiiert, hatte für mehrere Kunstwerke, die sich in deutschen Museen befanden – unter anderem in den Staatlichen Museen zu Berlin und in der Kunsthalle Karlsruhe – Restitutionsansprüche begründet. Zu diesem Zeitpunkt waren im Ergebnis systematischer Provenienzforschungen bereits einige Werke aus der Sammlung Mosse identifiziert worden. Daraufhin entwickelten sich erste Ansätze einer Kooperation.

Mit dem Forschungsprojekt »Berliner Mäzenatentum. Die Kunstsammlung Rudolf Mosse (1843–1920). Aufbau – Bedeutung – Verlust«, das vom Deutschen Zentrum Kulturgutverluste über einen Zeitraum von 24 Monaten gefördert wird, wollen 2017 erstmalig öffentliche Einrichtungen in Deutschland gemeinsam mit den Nachfahren der Opfer nationalsozialistischer Verfolgung ein Projekt mit dem Ziel der Klärung des Verbleibs von verfolgungsbedingt entzogenem Kulturgut durchführen. Das Kunsthistorische Institut der Freien Universität Berlin wird als unabhängiger Träger des Forschungsvorhabens zusätzliche wissenschaftliche Kompetenz einbringen.

DR. UWE HARTMANN,
DEUTSCHES ZENTRUM
KULTURGUTVERLUSTE, MAGDEBURG

Weiterentwicklung der Beratenden Kommission zur Rückgabe NS-verfolgungs-bedingt entzogener Kulturgüter

Da rechtliche Ansprüche auf die Herausgabe von NS-verfolgungsbedingt entzogenen Kulturgütern oftmals verjährt sind, wurde 2003 von Bund, Ländern und Kommunen die Beratende Kommission im Zusammenhang mit der Rückgabe NS-verfolgungsbedingt entzogener Kulturgüter, insbesondere aus jüdischem Besitz, eingerichtet. Die Kommission dient zur Beilegung von Differenzen über die Rückgabe entsprechender Kulturgüter. Sie übernimmt – wenn dies von beiden Seiten gewünscht wird – eine Mediatorenrolle und spricht rechtlich unverbindliche Empfehlungen aus, die veröffentlicht werden. Zur ehrenamtlichen Mitarbeit in der Kommission hatten sich 2003 unter anderen Jutta Limbach, die damals als Vorsitzende gewählt wurde, Rita Süssmuth und Richard von Weizsäcker bereit erklärt. Als Geschäftsstelle der Kommission fungiert das Deutsche Zentrum Kulturgutverluste.

Vor dem Hintergrund des mehrjährigen Wirkens der Kommission und der zukünftigen Anforderungen entwickelten Bund, Länder und Kommunen 2016 die Kommission weiter: So kann sie nunmehr auch durch Privatpersonen in Anspruch genommen werden. Zudem wurden mit Marion Eckertz-Höfer, Raphael Gross und Gary Smith weitere Kommissionsmitglieder berufen, darunter zwei jüdische Mitglieder, die die Opferperspektive direkter einbringen sollen.

Durch die Veröffentlichung der Verfahrensordnung wird die Arbeit der Kommission noch transparenter. Gemäß dieser Verfahrensordnung berücksichtigt die Kommission beim Finden ihrer Empfehlungen insbesondere die Umstände, unter denen es zum Besitzverlust des Kulturguts gekommen ist beziehungsweise unter denen das Kulturgut erworben wurde, und die Nachforschungen, die zur Provenienz des Kulturguts unternommen wurden. Die Kommission kann dann Folgendes empfehlen:

1. Rückgabe des Kulturguts
2. Rückgabe unter Zahlung einer Entschädigung
3. Rückgabe unter der Maßgabe weiterer Bestimmungen
4. Verbleib des Kulturguts unter Zahlung einer Entschädigung
5. Verbleib des Kulturguts unter öffentlicher Angabe seines Ursprungs und seiner Provenienz
6. Ablehnung des Antrags auf Restitution des Kulturguts
7. Weitere Maßgaben je nach den besonderen Umständen des Einzelfalls

Mit der Weiterentwicklung der Beratenden Kommission steht somit auch zukünftig ein hoch qualifiziertes Gremium unabhängiger Persönlichkeiten zur Mediation in den gleichermaßen diffizilen wie sensiblen Fällen der Auseinandersetzung um NS-Raubgut zur Unterstützung Betroffener und zum Finden gerechter und fairer Lösungen zur Verfügung.

DR. MICHAEL FRANZ,
DEUTSCHES ZENTRUM
KULTURGUTVERLUSTE,
LEITER DER GESCHÄFTSSTELLE DER
BERATENDEN KOMMISSION, MAGDEBURG

Eine Übersicht der aktuellen Mitglieder der Kommission findet sich unter: www.kulturgutverluste.de/Webs/DE/BeratendeKommission/Mitglieder/Index.html

Gläser und Tassen aus dem Besitz von Siegfried und Henny Insel · Landesmuseum für
Kunst und Kulturgeschichte Oldenburg, Inv.-Nrn. 6.529, 6.539, 6.540, 6.618a/b

Ein problematisches Geschenk

Der Fall Insel und die Suche nach
einer gerechten Lösung

Die Tatsache, dass Schenkungen nicht not-
wendigerweise mit dem freien Willen beziehungsweise einer selbstbestimmten Entscheidung des Gebers einhergehen, ist insbesondere
für die Provenienzforschung nicht neu. Auch
wenn der Begriff »Geschenk« im allgemeinen
Sprachgebrauch positiv besetzt ist, muss in
der Rekonstruktion eines Besitzerwechsels die
Frage nach den Hintergründen und nach der
Motivation des Schenkers gestellt werden.
Dies gilt in besonderem Maße für den Zeitraum zwischen 1933 und 1945 und ausdrück-
lich für verfolgte und diskriminierte Vorbesitzer. Im Inventar des Landesmuseums für
Kunst und Kulturgeschichte Oldenburg finden sich entsprechend auffallende Eingänge,
die derzeit geprüft werden:

Am 1. August 1936 schenkte die 63-jäh-
rige Henny Insel, geborene Rosenberg, dem
Landesmuseum zwei Weingläser und eine
viereckige Obertasse mit chinesischen Blu-
men, kaum zwei Wochen später verkaufte sie
dem Museum noch eine Tasse mit Unter-
tasse aus Porzellan der Marke Gera für fünf
Reichsmark. Ende des Monats verließ sie
dann mit ihrem 77 Jahre alten Ehemann
Siegfried und der 33-jährigen Tochter Grete

ihre großzügige Altbauwohnung in der mondänen Oldenburger Roggemannstraße in Richtung Hannover, wo die jüdische Familie in einer einfachen Neubauwohnung im Stadtteil List lebte. Nachdem die diskriminierenden Auflagen der Devisenstelle Hannover geregelt worden waren und Siegfried Insel sein Berner Elternhaus an die damaligen Mieter verkauft hatte, emigrierte die Familie im Februar 1939 nach Amsterdam, wo bereits seit September 1933 der Sohn Hermann lebte. Im Juli 1942 wurde die vierköpfige Familie verhaftet und über das niederländische Durchgangslager Westerbork in die Vernichtungslager Auschwitz-Birkenau und Sobibór deportiert, wo sie ermordet wurden.

In der Bewertung der Frage, ob die Schenkungen und der Verkauf der Objekte an das Landesmuseum aus einer Zwangssituation erfolgten, muss in erster Linie der Hintergrund des Umzugs der Familie Insel von Oldenburg nach Hannover Ende August 1936 erfragt werden. Zweifelsohne führten die Boykottpropaganda der Nationalsozialisten und zunehmende Repressalien dazu, dass zahlreiche jüdische Familien aus Oldenburg bereits in den ersten Jahren nach der Machtergreifung ihre Heimatstadt verließen – viele zogen vorerst zu Verwandten in die benachbarten Großstädte und hofften, in der Anonymität den antisemitischen Maßnahmen entgehen zu können. Sah sich auch die Familie Insel zu einem solchen Schritt gezwungen, und erfolgte der Umzug womöglich in Vorbereitung der Emigration in die Niederlande? Vorstellbar ist dies durchaus, allerdings lassen sich bislang keine Hinweise auf gezielte Angriffe gegen die Insels bis 1936 finden. Auch ist nach heutiger Aktenlage nicht belegbar, dass die Mietwohnung der Insels in der Roggemannstraße gekündigt oder der Betrieb des

Kaufmanns und Versicherungsagenten Siegfried Insel für »Herren- und Knabenbekleidung« »arisiert« wurde. Das permanente Gefühl von Unsicherheit und Angst war jedoch unzweifelhaft allgegenwärtig. Nichtsdestotrotz muss die Frage gestellt werden, ob eventuell auch private beziehungsweise familiäre Hintergründe als Anlass des Wohnortwechsels angenommen werden können. Immerhin lebte das Ehepaar in einer sehr großen Wohnung – ein Umzug in eine kleinere Unterkunft wäre auch in heutiger Zeit für ältere Menschen nicht ungewöhnlich. Zudem zog die Familie in dasselbe Viertel von Hannover, in welchem Tochter Grete zuvor schon einmal gewohnt hatte. Lebten hier womöglich Verwandte der Insels, so dass eine Familienzusammenführung Anlass des Umzugs gewesen sein könnte?

Die Wahrscheinlichkeit, dass der Weggang der Familie Insel und somit die Schenkung beziehungsweise der Verkauf der kunstgewerblichen Objekte an das Landesmuseum aus einer Zwangslage resultierte, ist erdrückend hoch und die Restitution damit naheliegend. Derzeit erfolgen intensive genealogische Nachforschungen, um Erben der Insels ausfindig zu machen, die möglicherweise Kenntnis von den Beweggründen für den damaligen Ortswechsel haben. Der Fall der Insels verdeutlicht, dass die wissenschaftliche Recherche nicht immer belastbare Belege liefern kann und Restitutionsentscheidungen mitunter aufgrund moralisch-ethischer Erwägungen getroffen werden müssen.

DR. MARCUS KENZLER,
LANDESMUSEUM FÜR KUNST
UND KULTURGESCHICHTE OLDENBURG

Provenienzforschung in Südniedersachsen und das vermeintlich Provinzielle

Im vergangenen Jahr wurde ein »Erstcheck« der Bestände von fünf Stadt- und Regionalmuseen in Südniedersachsen im Auftrag des Landschaftsverbandes Südniedersachsen durchgeführt. Er umfasste die Museen in Einbeck, Alfeld, Duderstadt, Hannoversch Münden und Clausthal-Zellerfeld. Es wurden hauptsächlich in der NS-Zeit entzogene Kulturgüter dokumentiert, beispielsweise aus der Arbeiterkultur, von den Freimaurern und aus jüdischen sowie katholischen Zusammenhängen. Problematisch sind möglicherweise auch die in fast allen Häusern dokumentierten Ethnografica sowie Kirchenkunst aus der DDR im Heimatmuseum Duderstadt. Die Bandbreite und die Erwerbungsumstände der kleineren Sammlungen sind um einiges komplexer und problematischer als der Terminus »Heimatmuseum«, unter dem die meisten Häuser entstanden, glauben macht. Dementsprechend sind neben den Befunden von Raubkunst in den großen Museen auch die künstlerisch oder im Geldwert weniger spektakulären Kulturgüter der kleineren Museen zu beachten. Zurzeit wird an einem Konzept für die gezielte Vertiefung der bisherigen Fragen und Ergebnisse gearbeitet.

Im Duderstädter Heimatmuseum befindet sich beispielsweise ein Silberlöffel der jüdischen Familie Ballin. Wann und von wem der Löffel in die Sammlung kam, ist noch unklar. Im Museum Hannoversch Münden wird ein Geographie-Lehrbuch des jüdischen Schülers Selig Rosenthal, in Einbeck das Siegel des »Israelitischen Syndikus« der Stadt sowie ein Buch der jüdischen Samson-Schule Wolfenbüttel aufbewahrt. Verdächtige Bücher aus

Fahne des Arbeiter-Radfahrervereins Alfeld-Langenholzen · 1912 · Stadtmuseum Alfeld

jüdischen, katholischen, freimaurerischen oder linkspolitischen Zusammenhängen fanden sich bei Stichproben in fast allen Altbeständen der untersuchten Museumsbibliotheken. Dieser Erkenntnis wird bei der (Zeit-)Planung von Folgeprojekten Rechnung getragen werden müssen.

In den Museen Alfeld und Hannoversch Münden werden Gegenstände der linken Arbeiterkultur, unter anderem Bücher, Möbel und Fahnen, verwahrt. Die 1933 einsetzende Enteignung der Verbände und Einzelpersonen, von denen die Objekte stammen, ist in den konsultierten Archiven meist gut dokumentiert, nicht so der Eingang der Objekte in den jeweiligen Museen. Nach 1945 wurden die meisten ehemaligen Verbände nicht neu belebt, Ansprüche und Nachforschungen blieben aus.

In Einbeck und Alfeld wurden Ritualgegenstände der örtlichen Freimaurer dokumentiert. Die Alfelder Loge »Luise Augusta zu den drei Sternen« erhebt auf einen Ritualstab und Stempel der Loge Ansprüche, denen nach weiterer Prüfung wahrscheinlich stattgegeben werden wird.

Einzig das Oberharzer Bergwerks-
museum Clausthal-Zellerfeld lieferte keine
verdächtigen Befunde. Im Gegenteil – der
Anfangsverdacht auf einen unrechtmäßigen
Grundstückskauf 1934 für das Museumsfrei-
gelände konnte entkräftet werden. Der jüdische Verkäufer Paul Sauer erhielt den bereits
1929 vereinbarten Kaufpreis. Seine Erben
haben während der Entschädigungsprozesse
nach dem Krieg den in Frage stehenden
Grundstücksverkauf nicht beanstandet.

DR. CHRISTIAN RIEMENSCHNEIDER,
GÖTTINGEN

Anlieferung beschlagnahmter Gemälde zur Zwischen-
lagerung im Pariser Musée du Jeu de Paume

....

Tagung zum Kunstraub in Frankreich

Kaum waren die deutschen Truppen im Juni
1940 in Paris einmarschiert, begann der
systematische Kunstraub. Vor allem die be-
rühmten Sammlungen jüdischer Familien
wurden konfisziert. Nationalsozialistische
Organisationen wie der Einsatzstab Reichsleiter Rosenberg, die »Kunstschutz-Truppe«
der Wehrmacht sowie die Deutsche Botschaft
machten einander dabei Konkurrenz. Rund
22 000 beschlagnahmte Kunstobjekte aus
etwa 200 Kunstsammlungen lassen sich
identifizieren: Werke für den »Sonderauftrag
Linz«, aber auch für die Privatsammlungen
von Nazi-Größen. Namhafte deutsche Kunsthistoriker und Museumsleute reisten ebenso
wie Kunsthändler an, um profitable Ge-
schäfte mit Stücken aus den Sammlungen
der Verfolgten zu machen.

Manche dieser Vorgänge sind erforscht,
andere werden gegenwärtig untersucht. So
wird etwa mit Unterstützung des Zentrums
ab 2017 ein Repositorium zu den Akteuren

des französischen Kunstmarktes während
der NS-Besatzung von der Technischen Universität Berlin und dem Institut national
d'histoire de l'art Paris erarbeitet. Es ist an der
Zeit, die Resultate der Recherchen in Frankreich und Deutschland zusammenzutragen
und vor allem weitere (gemeinsame) Projekte
zu planen, damit dieses düstere Kapitel der
Geschichte endlich aufgehellt wird. Wer waren
die Akteure, wer die Beraubten? Wie griffen
NS-Politik, kunsthistorische Expertise und
Marktinteressen ineinander? Wie funktio-
nierte die Kollaboration? Widerfuhr den Beraubten nach 1945 Gerechtigkeit?

Eine Tagung mit den maßgeblichen
französischen und deutschen Experten plant
das Deutsche Zentrum Kulturgutverluste in
Kooperation mit dem Deutschen Forum für
Kunstgeschichte in Paris und dem Forum
Kunst und Markt an der Technischen Universität Berlin für den Herbst 2017 in Bonn.

PROF. DR. UWE M. SCHNEEDE (UMS),
DEUTSCHES ZENTRUM
KULTURGUTVERLUSTE, MAGDEBURG

....

Tagungsberichte

Die Suche nach NS-Raubgut
Zur Provenienzforschung in
Sachsen-Anhalt

12. Dezember 2016, Kulturhistorisches
Museum Magdeburg

Zwei zentrale Gedanken waren ausschlaggebend für den Wunsch des Deutschen Zentrums Kulturgutverluste, eine Tagung zum Thema »Provenienzforschung in Sachsen-Anhalt« zu organisieren. Zum einen wollte sich das Zentrum offiziell an seinem Standort Magdeburg vorstellen, zum anderen wollte man bisher Erreichtes publik machen und alle kulturgutbewahrenden Einrichtungen in Sachsen-Anhalt animieren, sich mit Provenienzforschung hinsichtlich NS-Raubgut in ihren Beständen auseinanderzusetzen und das Zentrum bei Fragen und Problemen als Ansprechpartner wahrzunehmen.

Seit 2008 fanden in Sachsen-Anhalt zwei längerfristig geförderte Projekte statt, deren Ergebnisse durch die Projektmitarbeiterinnen vorgestellt wurden: An der Magdeburger Otto-von-Guericke-Universität führte man von 2013 bis Ende 2016 in Kooperation mit dem Landesarchiv Magdeburg ein Projekt durch, das die Rolle der Versteigerer in Sachsen und der Provinz Sachsen bei der Verwertung des Eigentums von emigrierten und deportierten jüdischen Bürgern zum Thema hatte. Die Teilnehmerinnen und Teilnehmer der projektinhärenten Seminare sahen insgesamt 1200 Akten durch, beschrieben diese ausführlich und machten somit die Akteninhalte erst umfassend durchsuchbar. Am Ende des Projekts fand eine abschließende Evaluierung der erarbeiteten Datenblätter durch die Studierenden statt. Dank der geleisteten Arbeit wurde ein Netzwerk der lokalen Profiteure sichtbar.

Susanna Köller, die von 2011 bis 2013 an der Stiftung Moritzburg, Halle (Saale), die Provenienzen erforschte, stellte anhand einiger untersuchter Objekte dar, wie aufwendig und mitunter ergebnislos die Recherchen verlaufen können. Dass im Laufe der Zeit und mit fortschreitender Digitalisierung von Quellen auch immer wieder unverhofft neue Anhaltspunkte zu den erforschten Werken auftauchen, rückte die Wichtigkeit der Schaffung von Personalstellen in der Provenienzforschung in den Vordergrund, damit die neuen Erkenntnisse auch fachkundig verarbeitet werden können. Obwohl der Schwerpunkt des Projekts an der Moritzburg auf Gemälden und Grafik lag, konnte während der Projektlaufzeit auch ein Konvolut an Silbergegenständen untersucht werden, das nun kurz vor der Restitution steht.

Das Kulturhistorische Museum Schloss Merseburg führte 2014 auf eigene Initiative Provenienzrecherchen zum eigenen Bestand durch. Verdachtsmomente ließen sich in Hinblick auf NS-Raubgut dadurch zwar nicht eruieren, doch brachten die Recherchen eine aus heutiger Sicht problematische Sammlungspolitik des Hauses in der DDR zum Vorschein. Mit Fragen hinsichtlich dieser Thematik werden sich die Museen und Bibliotheken mithilfe der Quellenüberlieferung in den (kommunalen) Archiven und der Unterstützung des Zentrums in den kommenden Jahren konfrontiert sehen.

Beim vom Museumsverband des Landes Sachsen-Anhalt getragenen »Erstcheck«-Projekt befasst man sich seit 2016 mit einer ersten Bestandsaufnahme fünf kleinerer Museen. Der Provenienzforscher Mathias Deinert stellte Funde vor, die er in Aschersle-

Freimaurergläser der Ascherslebener Johannis-Loge »Zu den drei Kleeblättern« · vor 1935 · Glas · Höhe 12 und 13 cm · Aschersleber Kulturanstalt, Leihgabe der Johannis-Loge (links) und Inv.-Nr. V245bH (rechts)

ben, Salzwedel und Stendal ermittelt hatte. Neben vereinzelten Judaica fand er vor allem sogenannte Freimaurer-Sachen (Masonica), deren Herkunft und Geschichte der entsprechenden Logen er teilweise rekonstruieren konnte. Die Bestände im Gleimhaus in Halberstadt sowie das Museum Schloss Moritzburg Zeitz wurden ebenfalls von ihm untersucht.

Die Provenienzforschung in Sachsen-Anhalt muss weiterhin verstärkt und auch verstetigt werden. Da Objekte, bei denen es sich möglicherweise um einen NS-verfolgungsbedingten Entzug handelt, in Bezug auf ihre Herkunft immer wieder neu beleuchtet werden sollten, ist eine dauerhafte Verankerung der Provenienzforschung erstrebenswert. Die zahlreichen Hinweise auf NS-Raubgut in kleinen Einrichtungen verdeutlichen, dass das »Erstcheck«-Projekt ein erfolgreiches Konzept ist, um – künftig möglichst auch in den Nachbarländern Thüringen und Sachsen – kleinere Institutionen zu erreichen. Der Landesverband Sachsen-Anhalt im Deutschen Bibliotheksverband e. V. wird – mit Unterstützung des Zentrums – ab Mitte 2017 erstmals einen »Erstcheck« in fünf kommunal getragenen Bibliotheken Sachsen-Anhalts durchführen. Aber auch die großen Bibliotheken und Stiftungen des Landes stehen weiterhin in der Pflicht, sich der Suche nach NS-Raubgut zu widmen.

NADINE BAUER,
DEUTSCHES ZENTRUM
KULTURGUTVERLUSTE, MAGDEBURG

....

Collecting and Provenance: Usage, Authenticity, and Ownership

13. – 16. November 2016, Israel Museum, Jerusalem

»Wie Objekte weitergegeben werden, hat mit Geschichtenerzählen zu tun [...]. Woran erinnert man sich, was wird vergessen? Ebenso wie die stetige Anlagerung von Geschichten kann es auch eine Kette des Vergessens geben, ein Abscheuern des einstigen Eigentumsrechts« (Edmund de Waal, »Der Hase mit den Bernsteinaugen«).

Die internationale Konferenz zum Thema »Collecting and Provenance« basierte auf einer Kooperation zwischen drei Institutionen: der Hebrew University, dem International Forum Collecting & Display und dem Israel Museum, das gleichzeitig Tagungsort war. Die Tagung

Paul Klee · Angelus Novus · 1920 · Ölpause und Wasserfarben auf Papier · 318 × 242 mm · Jerusalem, Israel Museum, Inv.-Nr. B87.0994

Die Zeichnung war ehemals im Besitz von Walter Benjamin und befindet sich seit 1989 im Israel Museum.

im 1965 gegründeten Museum, das aus dem Belazel National Museum hervorgegangen war und ursprünglich Kunstwerke beherbergte, die Flüchtende und Einwanderer aus Europa mitgebracht hatten, machte die Frage von Sammeln und Provenienz im Kontext von Flucht, Holocaust und Migration auf eindrucksvolle Weise gegenwärtig. Die äußerst vielseitigen Konferenzbeiträge wurden im Rahmen verschiedener Workshops vorgestellt: »Methoden der Provenienzforschung«, »Museen und Restitutionen der Nachkriegszeit«, »Rezeptionsgeschichte von Kunstwerken«, »Restitution und Rechtsfragen«, »Provenienz und Markt«, »Authentizität« – um nur einige zu nennen. Besonders hervorzuheben ist ein Workshop zum Aufbau der Sammlung »Jüdische Kunst und Kultur« des Museums, in dem Gioia Perugia und Efrat Assaf-Shapira anhand ausgewählter Objekte die damit verknüpften Herkunftsgeschichten vermittelten. Die Geschichten der ehemaligen Besitzer seien zentrales Kriterium für eine Aufnahme in den Bestand, betonten die beiden Kuratorinnen. Die Konferenz endete mit einem Vortrag von Edmund de Waal, in dem es genau um diese Frage ging: Objektgeschichte als persönliche Geschichte.

Die Mehrheit der über 50 Workshop-Teilnehmer waren entweder Wissenschaftler an Universitäten oder Provenienzforscher und Kuratoren an Museen, vorrangig aus Israel, Deutschland und den USA. Darüber hinaus sprachen Provenienzforscher der Bayrischen Staatsbibliothek München, Künstler, Rechtsexperten sowie Vertreter staatlicher und nichtstaatlicher israelischer Organisationen.

Die Konferenz gab einige für die zukünftige Ausrichtung der Provenienzforschung wichtige Anregungen: Insbesondere die museale Vermittlung von Objektgeschichten und die Verbindung zwischen Provenienz, Erinnerung und kulturellem Gedächtnis waren Schlüsselthemen der israelischen Kuratoren. Es ging nicht nur darum, *dass* diese Geschichten erzählt werden, sondern auch *wie* man sie erzählt – ein Aspekt, der auch die Provenienzforscher und Kuratoren an Museen hier in Deutschland beschäftigt und weiter beschäftigen wird.

DR. IRIS SCHMEISSER,
STÄDEL MUSEUM,
FRANKFURT AM MAIN

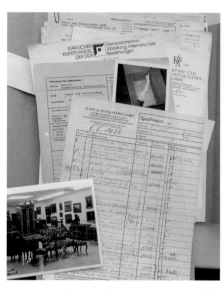

Unterlagen des Bundesarchivs zum Bereich Kommerzielle Koordinierung, Teilbestand Kunst und Antiquitäten GmbH

Entziehungen von Kulturgütern in SBZ und DDR
Der Stand der Forschung und die Perspektiven

21. November 2016, Deutsches Zentrum Kulturgutverluste, in der Stiftung Brandenburger Tor, Berlin

Neue Erkenntnisse zu den Enteignungsaktionen in der Sowjetischen Besatzungszone (SBZ) und in der DDR wurden auf einer vom Deutschen Zentrum Kulturgutverluste am 21. November 2016 in Berlin durchgeführten fachöffentlichen Tagung zusammengetragen. Zugleich aber bekamen die Teilnehmerinnen und Teilnehmer nachdrücklich vor Augen geführt, welche Problembereiche noch viel zu wenig erforscht sind. Zu folgenden Themen fehlt es, wie sich herausstellte, sowohl an Fallstudien wie auch an Übersichtsdarstellungen:

1. Die »Schlossbergung« (das Leerräumen von Gutshäusern und Schlössern im Rahmen der Bodenreform in der SBZ)
2. Die »Aktion Licht« 1962 (konspirative Öffnung lange verschlossener Safes durch das Ministerium für Staatssicherheit) und die sogenannte Tresorverwaltung durch das Ministerium der Finanzen
3. Die Rolle der Museen und die Notwendigkeit der Bestandsforschung (Identifizierung von entzogenem Kulturgut)
4. Die Enteignungen von Privatsammlern und die »Verwertung« durch die Kunst & Antiquitäten GmbH
5. Die Kommerzielle Koordinierung (KoKo) und der private Kunsthandel im Westen
6. Die Rolle der Kommission für Kulturgutschutz
7. Die Identifizierung von Buchbeständen und die Zusammenführung (Nutzbarmachung) der Resultate

Dabei wurde erneut die Öffnung der Lost Art-Datenbank des Deutschen Zentrums Kulturgutverluste gefordert. Entscheidend wichtig für die künftige Forschung sei außerdem die Zugänglichkeit der entsprechenden Archivalien, insbesondere zu den Aktivitäten der KoKo.

Diese Aufgaben und Forderungen werden nun schrittweise zu erfüllen sein. Folgende Maßnahmen sind zunächst vorgesehen:

»Aktion Licht« und Tresorverwaltung

Bereits angedacht ist eine Zusammenarbeit der Stiftung Preußischer Kulturbesitz und den Staatlichen Kunstsammlungen Dresden, gemeinsam mit einem historischen Institut. Es sollen die Strukturen und die Mechanismen exemplarisch untersucht werden (Grundlagenforschung).

Die Museen müssen von den Fördermöglichkeiten zur Erforschung ihrer eigenen Bestände unterrichtet und zur Provenienzrecherche auch auf diesem Feld angeregt werden (Bestandsforschung).

Archive

Im Bundesarchiv werden seit April vergangenen Jahres die KoKo-Bestände erschlossen. Zu den Archivalien bei der Behörde des Bundesbeauftragten für die Stasi-Unterlagen soll demnächst in Zusammenarbeit mit dem Deutschen Zentrum Kulturgutverluste ein Findbuch entstehen. So werden die Voraussetzungen für die Forschung entschieden verbessert.

Lost Art-Datenbank

Die Öffnung von Lost Art wird vorbereitet.

Mit den für das Jahr 2017 von der Beauftragten für Kultur und Medien bereitgestellten Fördermitteln kann die Arbeit nunmehr beginnen. Dabei ist wesentlich, dass die Fragen nach NS-Raubgut und die Fragen nach Entziehungen in SBZ und DDR entschieden auseinandergehalten werden; die Priorität der Tätigkeit des Deutschen Zentrums Kulturgutverluste liegt weiterhin eindeutig auf NS-Raubgut. Auch sollte betont werden, dass es nicht um Restitutionen, sondern um Forschung und deren Förderungsmöglichkeiten geht. Im Übrigen handelt es sich um eine gesamtdeutsche Problematik, weil die Entziehungen im Osten hauptsächlich stattfanden, um im Westen Devisen zu erwirtschaften.

UMS, DEUTSCHES ZENTRUM KULTURGUTVERLUSTE, MAGDEBURG

Ausstellungsplakat »Die Heimat ruft« · um 1940

Kunst in Deutschland 1933 – 1945. Perspektiven 70 Jahre danach

27. – 29. Oktober 2016, Institut für Kunstgeschichte und Archäologien Europas der Martin-Luther-Universität Halle-Wittenberg und Kunstverein »Talstrasse« e. V., Halle (Saale)

Der Blick auf die bildende Kunst, die zwischen 1933 und 1945 in Deutschland entstand, ist gut 70 Jahre nach dem Ende des »Dritten Reiches« noch immer stark eingeschränkt. Ganz in der Tradition der Nachkriegszeit wird allzu leichtfertig zwischen der moralisch guten, weil von den Nationalsozialisten verfolgten, »modernen« Kunst und der bösen »NS-Kunst« kategorisch unterschieden, auch wenn über die Kriterien dieser Einteilung kaum gesprochen wird. Dass es sich lohnt, in Überwindung der Schwarz-Weiß-Malerei in erster Linie auf die vielfältigen Grautöne zu schauen, hat die Tagung in Halle (Saale) gezeigt. Grundlagenforschungen zu den dortigen Kunstinstitutionen – Städtisches Museum für Kunst und Gewerbe, Handwerkerschule Burg Giebichenstein und Hallescher Kunstverein – sowie zu architektonischen Repräsentationsprojekten – Thingstätte und Gauforum – wurden in Beziehung gesetzt zu Beispielen aus anderen Städten wie Erfurt (Kunstverein), Würzburg (Museum) und Berlin beziehungsweise München (Kunstakademie). Die Veranstalter legten Zwischenergebnisse vor, die aus einem studentischen Forschungsseminar hervorgegangen waren, und arbeiten auf eine Präsentation der Ergebnisse in Form einer Ausstellung hin. Aus diesem Grund luden sie gemeinsam mit weiteren Partnern – Heinrich-Böll-Stiftung Sachsen-Anhalt, Gedenkstätte Roter Ochse und Kunstmuseum Moritzburg Halle (Saale) – zu einem gut besuchten Podiumsgespräch ein. Die vier diskutierenden Kuratorinnen und Kuratoren waren sich darüber einig, *dass* Kunst des Entstehungszeitraumes von 1933 bis 1945 in Kunstmuseen gezeigt werden soll, nur über das *Wie* – zum Beispiel den Grad der Kommentierung von Objekten – gab es unterschiedliche Auffassungen. Zentrale Aufgaben der Forschung bleiben nach wie vor die Darlegung von Biografien mit ihren nicht immer widerspruchsfreien Verläufen, die Rekonstruktion politischer Allianzen – weil es eben auch »die« Nationalsozialisten nicht gab – sowie detaillierte Werkanalysen, auch sogenannter NS-Kunst, um eine Bewertung nicht auf zuvor festgelegten Vorurteilen aufzubauen. Eine Tagungspublikation ist in Vorbereitung.

DR. RUTH HEFTRIG,
HALLE (SAALE)

Rezensionen

Unsere Werte? Provenienzforschung im Dialog: Leopold Hoesch-Museum und Wallraf-Richartz-Museum

4.12.2016 – 19.3.2017, Sonderausstellung im Leopold-Hoesch-Museum, Düren

So ausführlich wie hier ist das Thema Provenienzforschung bislang kaum in einer Ausstellung thematisiert worden: Eine gesamte Etage, ein halbes Dutzend Räume hat Direktorin Renate Goldmann im von ihr geleiteten Haus freigeräumt, um ganz ausführlich zu zeigen und zu erzählen, wie sich dessen Sammlung ab 1933 verändert hat. Dass das Projekt trotzdem nicht zur trockenen Aktenpräsentation wurde, verdankt es seiner klug überlegten Umsetzung: An den Wänden hängen jene Bilder von Heinrich Campendonk, Oskar Kokoschka und Lovis Corinth, von Edgar Degas, Adolph Menzel und Honoré Daumier, um die es eigentlich geht: Werke, die entweder konkret zwischen 1933 und 1945 für die Sammlung angekauft wurden oder die danach ins Haus kamen, ohne dass sich ihre Herkunft lückenlos nachweisen ließe. Darunter liegen Auktionskataloge und Rechnungen, die davon Zeugnis ablegen, wie sehr auch hier in der Zeit des Nationalsozialismus der Kunsthandel florierte. Eine Reihe von Porträts und Aufnahmen bürgerlicher Wohnräume erinnert an jene progressiven Sammler, denen die Bilder einst gehört haben – bevor sie enteignet, bestohlen und häufig in den Gettos und Konzentrationslagern der Nationalsozialisten auch ermordet wurden. Nicht in Berlin, Hamburg oder München, nicht in Frankfurt oder in Dresden findet diese umfassende Ausstellung statt – son-

Blick in die Ausstellung: »Unsere Werte? Provenienzforschung im Dialog: Leopold-Hoesch-Museum und Wallraf-Richartz-Museum« im Leopold-Hoesch-Museum, Düren

dern in Düren: 90 000 Einwohner, 40 Kilometer südöstlich von Köln gelegen – das »Tor zur Nordeifel«.

Konkrete Anfragen seien der Anlass für die Befassung mit der eigenen Geschichte gewesen, erzählt Renate Goldmann. »Erben ehemaliger Besitzer haben sich an uns gewandt, um mehr über die Herkunft zweier Bilder zu erfahren. Da habe ich beschlossen, dass wir das zum Anlass nehmen, gleich umfassend und proaktiv unsere Sammlung zu untersuchen.« Sie stellte einen Antrag bei der ehemaligen Arbeitsstelle für Provenienzforschung, und schon bald konnte der promovierte Kunsthistoriker Kai Artinger seine Arbeit in Düren beginnen. Vor sieben Jahren hatte er in einer ausführlichen Studie die NS-Verstrickung der Kunsthalle Bremen und ihres Leiters Emil Waldmann, der als Sachverständiger für Kunst aus jüdischem Besitz tätig war und Werke im besetzten Amster-

dam gekauft hatte, dokumentiert. Seine Forschungsergebnisse zu den Kunstsammlungen Chemnitz im Nationalsozialismus sind noch nicht veröffentlicht. »Düren wurde im Zweiten Weltkrieg schwer bombardiert«, beschreibt Artinger die dortige Ausgangslage. »Entsprechend wenige Archivalien haben sich erhalten – selbst das Inventarbuch des Museums existierte nur noch als spätere Rekonstruktion mit vielen Lücken.«

Was Artinger dennoch herausgefunden hat, ist nun in der Dürener Ausstellung zu sehen – prozess-, aber auch ergebnisorientiert. Weil das Dürener Museum personell und strukturell eng mit dem Wallraf-Richartz-Museum im nahen Köln verbunden war, entstand die Präsentation in enger Zusammenarbeit mit Jasmin Hartmann, die dort noch bis vor Kurzem als Provenienzforscherin gearbeitet hat und inzwischen für die Museen der Stadt Düsseldorf zuständig ist.

Viele gemeinsame Erkenntnisse gehen über das eigentliche Ziel der Untersuchungen weit hinaus. Sie beschreiben historische, kulturelle und kommerzielle Strukturen, von denen die Provenienzforschung im Rheinland noch lange profitieren wird. Gemeinsam gelang es auch, eine Reihe von Legenden zu entlarven: jene zum Beispiel, in Düren sei erst nach dem Krieg so richtig mit dem Aufbau der aktuellen Sammlung begonnen worden. »Es gab ein regelrechtes Netzwerk«, erläutert Kai Artinger, »in dem Sammler, Galerien und Museen gemeinsam gehandelt und sich gegenseitig unterstützt haben«. Die oft und gern zitierte angebliche »Stunde null« hat es auch im Kunsthandel nie gegeben – wahrscheinlich war sie, wie die Ausstellung mit Hilfe von Primärquellen eindrucksvoll belegt, sogar vor allem hier ein bequemer Mythos. Immer wieder tauchen bekannte Galerienamen auf, deren Archive aber aus verschiedenen Gründen häufig nicht zur Verfügung stehen.

Ausstellungsansicht: »Unsere Werte? Provenienzforschung im Dialog: Leopold-Hoesch-Museum und Wallraf-Richartz-Museum« im Leopold-Hoesch-Museum, Düren

Die Arbeit ist noch nicht beendet, die Dürener Ausstellung vermittelt einen Zwischenstand: 505 von insgesamt 2040 relevanten Werken wurden im ersten Jahr des Provenienzforschungsprojekts untersucht, 177 Papierarbeiten dabei sicher als NS-Raubkunst identifiziert. Sie stammen aus den Sammlungen des Berliner Kommunisten Eduard Fuchs, der aus Deutschland fliehen musste, des jüdischen Bankiers Ludwig Ginsberg, dessen Tochter und Erbin nach Riga deportiert und dort ermordet wurde, des jüdischen Verlegers Gustav Kirstein, der sich nach der Machtübernahme durch die Nationalsozialisten wie seine Frau das Leben nahm, und der ebenfalls jüdischen Kauffrau Regina Weiss, die 1943 in Auschwitz umgebracht wurde. Über verschiedene Zwischenstationen fanden die Werke schließlich ihren Weg ins Leopold-Hoesch-Museum. Mit den vier Erbengruppen wird Museumsdirektorin Renate Goldmann nun nach dem suchen, was in der »Washingtoner Prinzipien« als gemeinsame Suche nach einer »gerechten und fairen Lösung« beschrieben ist.

Am Ende des Dürener Ausstellungsparcours mit seinen 160 Kunstwerken und rund 500 Dokumenten stehen jene Bilder, zu denen in Düren bereits konkrete Restitutionsersuchen vorliegen – und die Fragen, die sie zum Teil nach wie vor aufwerfen: Zählen das 1917 entstandene »Bild mit Tieren« und ein 1921 gemaltes »Stillleben« von Heinrich Campendonk, die 1950 und 1951 die Düsseldorfer Galerie Nebelung verkaufte, zu jenen Bildern, die nach dem Krieg nachweislich der später dafür verurteilte Hausmeister aus einer von der jüdischen Expressionismus-

Sammlerin Tekla Hess im Keller des Kölnischen Kunstvereins deponierten Kiste gestohlen hatte? Wo befanden sich diese Werke zwischen 1937 und 1950/51? Und ist der Titel »Stillleben« nicht so allgemein, dass er auch zu anderen Werken passen könnte? Was ist mit Karl Schmidt-Rottluffs »Schiffen am Strand« von 1922 aus der heute nahezu vergessenen Sammlung des jüdischen Textilkaufmanns Hugo Benario, die einmal zu den bedeutendsten in Berlin gehört hatte? Die Nationalsozialisten warfen ihm Devisenvergehen vor, er selbst starb 1937, seiner Frau gelang 1939 im letzten Moment die Flucht nach Großbritannien. Was geschah mit dem Meeresbild, bevor es der mit den Nazis kooperierende Händler Ferdinand Möller und später die Düsseldorfer Galerie Grosshennig zum Kauf anbieten konnten?

Wie ein Frauenpastell von Ernst Ludwig Kirchner aus der Sammlung Curt Glaser sind neben einigen weiteren auch die Bilder von Campendonk und Schmidt-Rottluff in der Dürener Ausstellung nicht mit einem grünen Punkt markiert, der eine geklärte und bedenkenlose Provenienz signalisieren würde. »Es gibt noch viele gelbe, orange und rote Punkte, die für offene Fragen stehen«, zieht Renate Goldmann eine erste Zwischenbilanz. »Wir wissen, dass noch viel zu tun ist. Ein Anfang aber ist gemacht.« Und an dem kann sich manche Großstadt in Deutschland ein Beispiel nehmen.

STEFAN KOLDEHOFF

Für die Nation gesichert? Das »Verzeichnis der national wertvollen Kunstwerke«: Entstehung, Etablierung und Instrumentalisierung 1919–1945
Maria Obenaus

De Gruyter Verlag, Berlin 2016, 532 S.

Kunst und Knebel

Dürer ringt die Hände, Holbein hält sich die Kappe im Fahrtwind fest, Cranach schaut angstvoll auf das Meer. Die drei deutschen Renaissancekünstler werden leibhaftig über den Atlantik in die Vereinigten Staaten entführt. So zumindest vermittelt es 1922 der »Simplicissimus« in einer Karikatur. Die pointierte Darstellung vom »Kunstraubzug des Dollars« ist nur eine der vielen Trouvaillen, die Maria Obenaus in ihrer Dissertation über Entstehung, Etablierung und Instrumentalisierung des »Verzeichnis der national wertvollen Kunstwerke« zwischen 1919 und 1945 machte. Die 1919 erlassene »Verordnung über die Ausfuhr von Kunstwerken« sollte genau jene Abwanderung deutschen Kunstbesitzes ins Ausland verhindern und die »amerikanische Gefahr« bannen.

Das Bild aus dem »Simplicissimus« brachte es auf den Titel der Drucklegung von Maria Obenaus' Doktorarbeit im De Gruyter Verlag, unter dem programmatisch mit einem Fragezeichen versehenen Titel »Für die Nation gesichert?«. Das Buch ist ein Glücksfall, schließt es doch eine Forschungslücke, die angesichts der überhitzten Debatte um die Novellierung des Kulturgutschutzgesetzes im Sommer 2016 umso deutlicher klaffte. Bisher beschäftigte man sich mit der Entstehungsgeschichte und der Anwendung des Verzeichnisses national wertvoller Kunstwerke vor allem aus juristischer, kaum aus kulturhistorischer Perspektive. Das mit eindrucksvoll vielen Quellen und Querverweisen gespickte Grundlagenwerk stellt die komplexe, eigentlich trockene Materie auf eine höchst anschauliche, lesenswerte Weise dar. In der jungen Weimarer Republik kam das Gesetz eher zögerlich zum Einsatz, während des Nationalsozialismus wurde es schließlich unzweideutig instrumentalisiert.

Ging es zunächst darum, nach Abschaffung der Fürstenhäuser die Abwanderung der fürstlichen Sammlungen, insbesondere in die finanzstarken USA, zu verhindern, so wurde im »Dritten Reich« das Gesetz als Mittel angewandt, um die Schätze jüdischer Sammler im Lande zu halten beziehungsweise für die Beschaffung von Devisen einzusetzen. Bei der jeweiligen Aktualisierung der Liste ging es immer auch um die Definitionshoheit: Was ist national wertvoll? Je nach Betrachtungsweise, zumal aus regionaler Sicht, konnte sich das durchaus verschieben.

Maria Obenaus nähert sich der Fragestellung multiperspektivisch, indem sie die Anwendung des Gesetzes bei den verschiedenen Sammlungen untersucht, fürstlichen wie bürgerlichen. Die Autorin führt immer wieder konkret aus, welche Rolle die Beteiligten spielten, worin der Nutzen für die öffentliche Hand bestand. So gaben Museumsbeamte gerne ihre Zusage für eine Freigabe, sobald ihnen die Schenkung eines anderen Werkes in Aussicht gestellt war – wie bei dem Berliner Industriellen Oskar Huldschinsky, der sich gerade noch rechtzeitig vor der geplanten Versteigerung seiner Sammlung 1928 Wilhelm von Bode gewogen machen konnte. Auf diese Weise wird die wachsende Politisierung der Künste in Umbruchzeiten sichtbar. Bis 1933 sollten sie der Identitätsfindung Deutschlands als Kulturnation dienen, im »Dritten Reich« als Propagandamittel und Devisenbringer. Spannend wird es immer dann, wenn die Autorin Protagonisten zu Wort kommen lässt, die Kulturpolitiker und insbesondere Museumsleute, die hier ein staatliches Druckmittel in die Hand bekamen, um begehrte Stücke in ihre Sammlungen zu überführen. Auch für die Provenienzforschung hat Maria Obenaus damit einen entscheidenden Schritt voran getan, zeigt sie doch auf, unter welchen Bedingungen sich einzelne Veräußerungen oder die Umschichtung ganzer Sammlungen in den Jahren 1919 bis 1945 vollzogen. National »wertvoll« konnte da auch zu einer Frage der Moral werden.

NICOLA KUHN

**Raub von Kulturgut.
Der Zugriff des NS-Staats auf jüdischen Kunstbesitz in München und seine Nachgeschichte**
Jan Schleusener

Deutscher Kunstverlag,
Berlin/München 2016,
224 S.

Münchener Täternetzwerk

Es ist das erste Buch, das sich eingehend mit der Münchener Beschlagnahmungswelle befasst, bei der die Geheime Staatspolizei im Anschluss an den Novemberpogrom 1938 in 69 jüdischen Wohnungen an die 2 500 Plastiken, Gemälde, Porzellane, Gobelins, Teppiche, wertvolle Möbel, Silber und Schmuck konfiszierte. In keiner anderen deutschen Stadt sei es zu einer derart umfangreichen Kunstraubaktion gekommen. Der Historiker Jan Schleusener macht das »radikal antisemitische Klima« in der »Hauptstadt der Bewegung« dafür verantwortlich.

Initiiert von Max Heiss, dem Leiter der Landesstelle München-Oberbayern der Reichskammer der bildenden Künste, befehligt von dem mächtigsten aller Gauleiter und zugleich Innenminister Bayerns, Adolf Wagner, und durchgeführt von der Geheimen Staatspolizei unter dem Kommando von Josef Gerum konnte sich die als »Sicherstellung nationalen Kulturguts« bemäntelte antisemitische Aktion auf die Expertise der Münchener Museumsdirektoren, Konservatoren und diverser Schätzer des Kunsthandels stützen. Letztere zählt der Autor zum Täternetzwerk und spricht von einer »erweiterten Gestapo«. Nicht die im Frühjahr 1938 von allen jüdischen Familien verlangte Vermögensanmeldung habe – wie bisher angenommen – als Leitfaden für die Beschlagnahmungen gedient, sondern die Museumsleute und Kunsthandelsexperten sollen der Gestapo den Weg zu den ihnen bestens vertrauten Sammlungen gewiesen haben. Merkwürdigerweise kommt der Autor zu dem Schluss, es sei bei der konzertierten Aktion »unsystematisch und ziellos« beschlagnahmt worden. Dabei schließt Schleusener nicht aus, dass es weitere Enteignungen gab, die entweder nicht protokolliert wurden oder deren Protokolle verschwunden sind. Ohne verlässliche Bewertungsgrundlagen aber bleiben viele Aussagen Schleuseners Vermutungen oder Arbeitsthesen, denen weiter nachgegangen werden müsste.

Das ohne gesetzliche Grundlagen beschlagnahmte Kulturgut, um das sich Partei, Museen und Kunsthandel stritten, bis es 1942 vom Finanzministerium des Reichs zum Staatseigentum erklärt wurde, lagerte lange in den Räumen des Historischen Museums der Stadt und im Bayerischen Nationalmuseum (BNM). Sowohl im Stadtmuseum wie im BNM haben sich Beschlagnahmungsprotokolle erhalten. Die unterschiedlichen Konvolute wurden im Zuge von Umbauten in beiden Häusern in den Schubladen alter Schreibtische wiederentdeckt. Es ist das Verdienst von Matthias Weniger und Lorenz Seelig, die bereits 2004 (drei Jahre vor dem Aktenfund im Stadtmuseum) die von Begehrlichkeiten geleitete Verantwortung des BNM deutlich herausgearbeitet und die personellen Kontinuitäten im Museum bis zu den Rückgabeverhandlungen nach dem Zweiten Weltkrieg kritisch beleuchtet haben (2005 publiziert in den Veröffentlichungen der Koordinierungsstelle für Kulturgutverluste: »Entehrt. Ausgeplündert. Arisiert. Entrechtung und Enteignung der Juden«). Ähnliche Präzision hätte man sich für das Buch Schleuseners mit dem vagen Titel »Raub von Kulturgut« gewünscht. Leider mangelt es der unter Erwartungs- und Zeitdruck erstellten Arbeit, die eine »integrierte Gesamtgeschichte« anstrebt, an Systematik und argumentativer Stringenz. Schleusener macht es sich zu einfach, wenn er Bekanntes referiert und die maßgeblich aufgrund der Spruchkammerakten zusammengestellten Biografien der Hauptverantwortlichen und Profiteure ins Zentrum des Buches rückt. Die von der Aktion betroffenen Sammler und Sammlungen kann der Autor nur knapp würdigen, da Überschneidungen mit der bisher unveröffentlichten Forschungsarbeit von Vanessa Voigt und Horst Keßler zu dem »Schicksal der jüdischen Kunstsammler und Händler in München 1933 – 1945« zu vermeiden waren.

IRA MAZZONI